すぐに役立つ ゴルフ ルール

監修◎沼沢聖一・マイク青木

JN021426

⑩池田書店

▌本書の使い方

■ JGAゴルフ規則に準拠

この本で解説しているゴルフルールは（財）日本ゴルフ協会が制定した「ゴルフ規則」に基づいています。

■ ストロークプレーを解説

ゴルフの競技には、マッチプレーとストロークプレーがありますが、本書では「ストロークプレー」の個人戦を基本として、実際のプレーで最も多く遭遇する状況188例を選んで解説しています。

■ 罰打数の表示

球を打つ前と打ってしまってからでは罰の異なる場合がありますが、本書で表示している罰打数は、あくまでも「状況」の所に記載している内容に基づいたものです。

■ 罰とストロークの計算

OBの時のように1打の罰＋1ストロークとなる場合と、誤球の時のように2打罰で誤球のストロークは計算に入れない場合がありますので、注意してください。

参考資料 ―――――――

「ゴルフ規則・2023年度版」
　　　　　　（財）日本ゴルフ協会発行

状況	ルール 罰打	次打の処置 正しい球・位置から	次打の処置 前に打った所から	次打の処置 元の位置にリプレース	次打の処置 球が止まっている所から	該当ページ
球の検索中に、自分の球を動かしてしまった。	0			●		48
自分のキャディーが誤って球を動かしてしまった。	0			●		50
2度打ちした。	0				●	65
構えたら球が動いた。	1			●		54 129
ルースインペディメントをとったら球が動いた。（グリーン外）	1			●		53 168
ルールで禁止されているのに球を拭いた。	1			●		81
マークしないで球を拾い上げた。	1			●		83
OB区域に打ち込んだ。	1		●			29 60 153
球を紛失した。	1		●			30
自分の球と確認できない。	1		●			77 78 82
間違えた方法でドロップした球を打った。	1				●	230
アンプレヤブルとみなした。	1	●				88 89 90
ペナルティーエリアに球が入って打てない。	1	●				144 145

3

主な罰打早見表 (ストローク・プレー)

状況	ルール 罰打	次打の処置 正しい球・位置から	前に打った所から	元の位置にリプレース	球が止まっている所から	該当ページ
調べる意思を告げずに泥だらけの球を拾い上げた。	0			●		72
自分や自分のキャディーに球が当たった。	0				●	58 59
自分の携帯品に球が当たった。	0				●	61
リプレースの所をドロップして打った。	1				●	117
誤所からプレーした。	2				●	90
誤球をプレーした。(打数不加算)	2	●				70 71
区域外からティーショットを打った。(打数不加算)	2	●				22 32
動いている球を打った。(例外あり)	2				●	25 57 152
ライの改善をして打った。	2				●	40 47 125
打ち易いようにスタンスの場所を作った。	2				●	44
プレーの方向を示す目印を置いたまま打った。	2				●	35 185
スイングの邪魔になる木の枝を折って打った。	2				●	37 42
規則の許可なく別の球にとり替えて打った。	1	2023年改定			●	191

状況	罰打	次打の処置 正しい球・位置から	前に打った所から	元の位置にリプレース	球が止まっている所から	該当ページ
ペナルティーエリア内の地面や水面にクラブを触れた。	0				●	120 151
バンカーやペナルティーエリア内のルースインペディメントに触れた。	0				●	131 132 146
パットした球が旗竿に当たった。	0				●	172 173
ホール周辺にあるスパイクの傷を直した。	0				●	163
バンカー内の砂の状態をテストした。	2				●	121 124
パットした球が他のプレーヤーの球に当たった。	2				●	175
グリーン面のテストをした。	2				●	162
パットした後であわてて旗竿を抜いた。	2				●	186 187
カサをさしてもらったまま打った。	2				●	183
他のプレーヤーにアドバイスを求めた。	2				●	207 209
ホールアウト後バンカー内で練習ストロークをした。	2				●	215
クラブの本数超過をした。（2打罰×違反ホール数、最高4打罰）	2				●	204

INDEX

INDEX

バンカー ……………… 118

9

INDEX

10

INDEX

13

2023年改定新ゴルフ規則の主な変更点

2023年改定新ゴルフ規則(2023年1月1日から施行)の主な変更点は次の通り。

◎規則 3.3b(4)スコアカードにハンディキャップを示すこと、またはスコアの加算をすることはプレーヤーの責任ではない──これまではハンディキャップの記入されていないスコアカードを提出した場合失格となった。しかし2023年からは、罰は科せられなくなった。「委員会には、プレーヤーの正しいハンディキャップの確認とそれを正しく計算する責任がある」ことが再確認された。

◎規則 4.1a(2)ラウンド中に損傷したクラブの使用と修理──ラウンド中やプレーの中断中に適合クラブが損傷した場合は、乱暴に扱ったことが原因でなければ、別のクラブに取り替えることができることになった。なお、2019年に改定された同規則では、損傷したクラブは「他のクラブに取り替えてはならない」と規定されていた。

◎規則 6.3b(3)間違って取り替えた球──規則で球の取り替えが認められていないのに、取り替えた球をプレーした場合の罰は2019年規則では一般の罰(ストロークプレーでは2罰打、マッチプレーではホールの負け)だった。2023年規則ではこの罰が軽減され、違反の罰は1罰打となった。

◎規則 9.3自然の力が動かした球──ドロップ、プレース、リプレースした球が止まった後に、他のコースエリアやアウトオブバウンズに転がっていって止まった場合、プレーヤーはその球を罰なしにリプレースしなければならなくなった。なお、元の球をすぐに取り戻せない場合は、従来通り、別の球でリプレースしてよい。

◎規則 11.1bパッティンググリーンからプレーされた球が人、障害物、動物に偶然に当たる──2019年規則では、「人」と「動物」に関して大雑把な規定だった。2023年

改定新規則では、パッティンググリーンからプレーした球が偶然に、①虫に当たった場合は罰なしに、その球はあるがままにプレーしなければならない、②プレーヤー自身に当たった場合(例えば、ショートパットの球がホールの周りを一回転して戻って来てプレーヤー自身の足に当たった場合——実際にプロの競技中に起きた)も、罰なしにあるがままにプレーしなければならない、が追記された。

◎規則　19.2b後方線上の救済の救済エリア——2023年規則では、ペナルティーエリアからの救済やアンプレヤブルの救済などの選択肢の一つである「後方線上の救済」の救済エリアが変更された。新しい後方線上の救済エリアはプレーヤーが基準線上に球をドロップした地点を基点としてどの方向にも1クラブレングスの範囲となる。言い換えれば後方線上にドロップの救済をとる場合は2018年以前の規則のように「線上にドロップ」しなければならず、そしてドロップした球が落下地点からいずれの方向であれ1クラブレングス以内の所に止まったらあるがままにプレーしなければならず、1クラブレングス以上転がっていって止まった場合は再ドロップしなければならない。
なお、この場合のクラブレングスは、ラウンド中にプレーヤーが持っている14本(またはそれ以下)の適合クラブのうち、パター以外で最も長いクラブの長さをいう。例えば、ラウンド中にプレーヤーが持っている最も長いクラブ(パターを除く)が43インチのドライバーの場合、そのプレーヤーのそのラウンドのためのクラブレングスは43インチとなる。[JGA規則書・定義(クラブレングス)参照]

◎規則　25障害を持つゴルファーのためのゴルフ規則の修正——身体に障害を持つゴルファーがゴルフゲームをプレーする際に必要な規則についてはこれまでゴルフ規則書ではなくオフィシャルガイドの巻末に掲載されていた。2023年規則ではこの修正規則がプレーの規則の25条として掲載され、すべての競技に適用されることとなった。

2019年改定ゴルフ用語新旧対照表

　2019年にゴルフ規則が大幅に改定されるに伴い、ゴルフ用語にも変化がもたらされました。

　そこで、変化した主な用語について、説明しておきます。

新　　語	旧　　語	説　　明
一時的な水	カジュアルウォーター	カジュアルウォーターとは「一時的な水」を意味するため、そのものずばり「一時的な水」と呼ぶことになった。
外的影響	局外者	局外者と訳されてきたOutside AgencyをOutside Influence（外的影響）と呼ぶことにより、この用語が適用される時の状況をより明確にした。
ジェネラルエリア	スルーザグリーン	スルーザグリーンとは、現にプレー中のホールで、そのティーイングエリア、そのグリーンに加え、コース上のすべてのバンカーとペナルティーエリアを除いた残りのコースのすべての部分を意味したが、ジェネラルエリアもその意味通りで、単に呼び名が変わった。
動物の穴	穴掘り動物が作った穴	従来は、穴掘り動物が作った穴からしか罰なしの救済が受けられなかったが、2019年からは、穴掘り動物が作った穴だけでなく他のほとんどの動物が作った穴から罰なしの救済を受けることができるようになった。

新 語	旧 語	説 明
ペナルティーエリア	ウォーターハザード	水の有無に関係なく、委員会が「ペナルティーエリア」と指定してある区域に打ち込んだ球は、従来のウォーターハザードからの1罰打の上の救済が受けられることになった。ペナルティーエリアには、黄色い杭や線でその縁を示しているイエローペナルティエリアと赤い杭や線で示しているレッドペナルティーエリアの二種類がある。なお、レッドペナルティーエリアからの救済を受ける場合、対岸の等距離の場所で救済処置をとることはできない。

　以下は、ゴルフ規則に新たに加えられたか新たに定義された用語です。

完全な救済のニヤレストポイント	従来は、「救済のニヤレストポイント」だったが、この救済の基点となる「点」は、大体の所に決めても良いものではなく、規則の規定する通りの「一点」に決めなければならない。それを強調するために「完全な」の形容詞が書き加えられた。
救済エリア	プレーヤーが規則に基づいて救済を受けるときに球をドロップしなければならないエリアとして、新たに2019年のゴルフ規則の中に定義づけされた。「定義」に関するさらに詳しい情報はJGAルールブックのP225に掲載されている。
境界物	アウトオブバウンズを定める、または示している人工物(例えば、壁、フェンス、杭、レーリング)で罰なしの救済は認められない。境界物は

17

境界物	たとえその全体または一部が動かすことができたとしても、動かせないものとして扱わなければならない。
クラブレングス	従来から「クラブレングス」という用語は使われてきたが、2019年規則において、大要次のように定義された。「ラウンド中にプレーヤーが持っている14本(またはそれ以下)のクラブ(規則4.1b (1)で認められる通り)のうち、パター以外で最も長いクラブの長さ」。なお、クラブレングスは各ホールのそのプレーヤーのティーイングエリアを定めるときや、規則に基づいて救済を受ける場合にそのプレーヤーの救済エリアのサイズを決定するときに使用する。
コースエリア	コースエリアとは、コースを構成する次の5つの定義されたエリアのこと。 ・ジェネラルエリア ・プレーヤーがプレーするホールをスタートするときにそこからプレーしなければならないティーイングエリア ・すべてのペナルティーエリア ・すべてのバンカー ・プレーヤーがプレーしているホールのパッティンググリーン
自然の力	2019年に「風、水などの自然の影響、または重力の影響により明らかな理由がなく何かが起きる場合」と定義された。
プレーの線	「プレーの線」とは、プレーヤーがストローク後に自分の球にとらせたい線のことだが、それはグリーン上でも適用されることとなった。それに伴い、「パットの線」の使用は停止された。
プレー禁止区域	委員会がプレーを禁止したコースの一部のこと。2019年に新たに定義された。JGAルールブックP239参照。
ボールマーカー	2019年に新たに大要次のように定義された。「拾い上げる球の箇所をマークするために

ボールマーカー	使用する人工物(例えば、ティー、コイン、ボールマーカーとして作られた物や別の小さい用具)。そして、「別の小さな用具」の中には、クラブヘッドのトーの部分も含まれることになった。言い換えれば、クラブヘッドのトーの部分で球の箇所をマークしてもよい、ということだ。
マーク	「マーク」は2019年に新たに次のように定義された。 「次のいずれからの方法によって止まっている球の箇所を示すこと。 ・ボールマーカーを球の直後、または球のすぐ近くに置くこと。または、 ・クラブを球の直後、または球のすぐ近くの地面の上に留めておくこと。 球を拾い上げた後、その球をリプレースしなければならない場合にその箇所を示すためにマークは行われる」
用具規則	プレーヤーがラウンド中に使用することが認められているクラブ、球、他の用具の仕様や他の規定。用具規則は、英国のRandA.orgまたはJGAホームページで閲覧できる。
リプレース	「リプレース」が2019年に新たに次の如く定義された。 「球をインプレーにする意図を持って、球を接地させて手放すことによって置くこと。 プレーヤーが球をインプレーにする意図なしに球を置いた場合、その球はリプレースしたことにならず、インプレーではない。 規則が球のリプレースを要求するときは必ず、その規則は球をリプレースしなければならない箇所を特定する」

ティーイングエリア

- 安全を確認しよう
- 他のプレーヤーに配慮しよう
- スロープレーは厳禁
- ティーイングエリア内に入るのは一人だけ

スロープレーは厳禁

左ページにあげた4つの注意点を確認してから余裕をもってティーアップします。この時スロープレーにはくれぐれも注意。さらになおかつゆとりをもって今日の第1打を打って行きましょう。

それにはスタート前の過ごし方が大事です。時間的にも精神的にも余裕をもって準備しておく必要があります。

近年、インターネットなどでスタート予約したプレーヤーが、時間ギリギリに駆けつけてトラブルになるケースが見受けられますが、プレーヤーのバッグが到着していないと、ゴルフ場側も困ります。ペアリング（組み合わせ）をどう組んだらいいかわからず、キャディーの手配やカートの準備などもあり、少なくとも、プレーの30分以上前には、プレーする人のゴルフバッグがすべて揃っていなくてはコース側に多大な迷惑をかけてしまうことに留意しましょう。

◎ティーイングエリア

これからプレーするホールのスタート場所を「ティーイングエリア」といいます。

その区域は、2つのティーマーカーで下図のように標示されており奥行きは2クラブレングス以内です。

ティーショットは必ずこのティーイングエリアの区域内に球を置いて打たなければなりません。もし区域の外から打ってしまうと、2打罰となります。また、打った球は無効となり、ティーイングエリア内からの打ち直しは3打目となります。ただし、スタンスがこの区域から出ていても問題ありません。

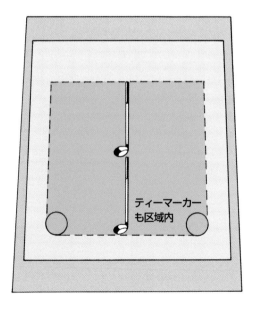

ティーマーカー
も区域内

構えたらティーから
球が落ちた

状況

球の後ろにクラブヘッドを置いて構えたら、ヘッドが球に触れてしまい、ティーアップした球が落ちてしまった。

 球を拾い上げて
再ティーアップ

解　説

ティーアップされた球は、打つ意思をもってストロークされるまではインプレーになりません。従って、罰なしに拾い上げ、再ティーアップして打てます。また、ワッグルして球に当たってしまった時も、打つ意思はないので、無罰で同様に処置します。

23

地面をならして
ティーアップした

状況

ティーイングエリア上がデコボコだったので、ティーアップする前に、スパイクで踏みつけて平らに整地した。

 そのままティーショット

解　説

ルールではティーイングエリアではいつでもティーイングエリア上の地面の改善が認められています。また、地面の土を盛り上げて、ティーの代わりにしてその盛り上げた地面の上に球を乗せて打ってもかまいません。

24

ティーから落下中の球を打った

状況

スイングを始めたら、球がティーから落ちかけたが、もうスイングを止められず、そのまま打ってしまった。

 次打は球が止まった地点から打つ

解　説

本来、球が動いている間はプレーしてはいけないのですが、ティーから落ちかけた球やペナルティーエリア内の水の中で動いていた球を打った時は罰はありません。

風で揺れている球を
ティーショットした

状況

強風下のティーイングエリア上で構えた時、
ティーの上の球が風で揺れていたが、そのまま
ショットしてしまった。

 次打は球が止まった地点
から打つ

解　説

ティーの上で球が揺れても、球の位置は変化していま
せんから、ルール上は、「動いている球」とはみなしま
せん。従って無罰です。また、たとえ動いている球を
打っても、ティーショットの場合には無罰です。

空振りして落ちた球を
そのまま打った

状況

空振りした風圧でティーから球が落ちてしまったので、ティーを抜いて落ちた地点からそのまま打った。

 球が落ちて止まった地点
から次打をプレー

解　説

打つ意思をもって空振りをした時の風圧で球がティーから落ちてしまった場合、それはストロークしたことになり球はインプレーとなります。なので落ちた球を2打目としてそのままプレーするのはかまいません。

27

空振りして落ちた球を
再ティーアップして打った

状況

空振りしたはずみに、ティーから落ちてしまった
球を、拾い上げて、再度ティーアップして打って
しまった。

無罰 or 1打罰　ティーから落ちた球が
どこに止まったかが重要

解　説

落ちてティーイングエリアに止まった球は再びティー
アップして打っても無罰になりました。なお、ティーイ
ングエリアの外に止まった球を再びティーアップして
プレーした場合は旧規則通り1打罰が科せられます。

ティーショットが OBになった

ティーショットの球は、大きくフックして絶対に助かりようのない、OB区域の崖下に落ちていった。

1 打罰　もう一度ティーショット

解 説

最初のショット(1打)+OBの罰(1打)+打ち直しのショット(1打)=3打。つまり、第3打目として、ティーイングエリア上に戻ってティーショットを打ち直します。なお、この際にはティーアップして打つことができます。

ティーショットした
球が見つからない

状況

ミス・ショットで深いラフに打ち込んだティーショットの球が、いくら探しても見つからない。

1
打罰

別の球で
再度ティーショット

解　説

球を探し始めてから「3分間以内」に見つからない時は、「紛失球」となり、その球を前にプレーした地点に戻って打ち直します。この場合は、最初のショット（1打）+紛失球の罰（1打）+打ち直しのショット（1打）＝3打。つまり、第3打目となります。

・他のプレーヤーに暫定球と
伝えないで別の球を打つ

状況

2球目
1球目

ティーショットはOBくさかったので、暫定球を
打つつもりだったが、うっかりして「暫定球プレー
宣言」をしないで別の球を打った。

 1
打罰　　別の球がインプレーの球

解　説

他のプレーヤーに暫定球プレー宣言をしないで別の
球を打った場合は、最初の球がたとえセーフでも紛失
球となってしまい、後から打った別の球がインプレー
の球となってしまいます。この場合の計算は紛失球と
同じで、後から打った別の球が第3打目となります。

31

ティーイングエリアの
区域外から打った

状況

地面が平らで打ちやすそうな場所を捜してティーアップして打ったら、そこは、ティーマーカーより前に出た区域だった。

2 打罰 区域内から第3打目で
再度ティーショット

解　説

ティーイングエリアの区域外からのティーショットを打つと2打罰となります。この場合は最初の1ストロークは計算に入れないで、第3打目としてティーイングエリアの区域内からティーショットを打ち直します。(区域は22頁参照)次のホールのティーショットを打つ前に訂正しないと競技失格となります。

スタンスが区域外に
出たまま打った

状況

球のティーアップはティーイングエリアの区域
内にしたが、アドレスした足は区域外に出たまま
ティーショットを打った。

 球が止まった地点
から次打をプレー

解 説

ルールで、ティーイングエリアの区域内でなければな
らないのは、球の位置です。つまり球の位置がティー
イングエリア内にあるかどうかだけが問題となるわ
けで、スタンスがティーイングエリア外に出ていても
かまいません。

ティーイングエリアの
区域外からOBした

状況

ティーイングエリアの区域外から打ってしまっ
たティーショットの球は、大きくフックしてOB
になってしまった！

2 打罰　区域内から第3打目で
再度ティーショット

解　説

ティーイングエリアの区域外から打った球はインプ
レーになりませんから、OBに関しては無罰です。し
かし、区域外から打ったことに対しては2打罰を科せ
られますから、この場合は、ティーイングエリアの区
域内から第3打目として打ち直しとなります。

目印を置いて
ティーショットを打った

状況

ティーアップした球の後方に、打つ方向の目印
として自分のクラブを置き、そのままティー
ショットをした。

2
打罰

球が止まった地点
から次打を打つ

解 説

スタンスをとる時に援助となる物（例えば、クラブや
アライメント用の棒）を置くことは全面的に禁止さ
れました。言い換えれば、置いた瞬間2打罰を受ける
ので、ショットする前に目印をとり除いてスタンスを
とり打っても2打罰には変わりありません。

ティーマーカーが邪魔になったので抜いて打った

状況

コイショ!

ティーショットをミス・ショットした球が、ティーマーカーの真後ろで止まった。邪魔なので、このティーマーカーを引き抜いてから打った。

2
打罰

抜いたティーマーカーは元通りにする

解　説

2019年度から、ティーイングエリア内の球を打つ前は、2打目以降でもティーマーカーを動かすことは禁止となりました。その代わり、ティーイングエリア内にある球はいつでも罰なしに拾い上げて他の場所にティーイング（ティーアップも可）して打てるようになりました。

ティーイングエリアで
邪魔になる木の枝を折った

状況

ティーイングエリア上に張り出している木の枝
が、スイングの邪魔になるので、手で折ってし
まった。

 2 そのままティーショット
打罰

解 説

ティーイングエリアの地面の改善は許されています
が、意図するスイングの区域の改善は認められていま
せん。この場合は2打罰となります。また、たとえ
ティーアップの位置を折った木の枝の影響のない所
に変更しても、この罰はとり消されません。

ジェネラルエリア

- 素振りで傷つけない
- ショットでとったターフは元へ戻す
- 前の組に打ち込まない
- 球を探す時は早めに後続の組をパスさせる

ジェネラルエリアとは?

　従来「スルーザグリーン」と呼ばれていたコース上の区域は2019年からは「ジェネラルエリア」と呼ばれることになりました。そして、球がジェネラルエリアにある時に関わる規則は今までとほとんど変わりません。では、その主なものを箇条書きしておきます。

◎プレーの障害となる可能性のあるものや状態

・ルースインペディメント

罰なしにとり除くことができます。ただし、ルースインペディメントをとり除いたことが原因で球が動いた時は1罰打を受け、動いた球はリプレースしなければなりません。

・動かせる障害物

罰なしにとり除くことができます。なお、動かせる障害物をとり除いていて球が動いた時は罰はなく、動いた球はリプレースしなければなりません。

・異常なコース状態である動物の穴、修理地、動かせない障害物、一時的な水

罰なしに、完全な救済のニヤレストポイントから1クラブレングス以内でホールに近づかないエリアにドロップできます。この時は、球のとり換えが許されているので、元の球をドロップしても別の球をドロップしてもどちらでもよいです。

◎球を探していて偶然に動かした場合

ジェネラルエリアは言うに及ばずコース上のどこでtoo でも、球を探していて偶然に(ついうっかり)動かしてしまった時は2019年からは「無罰」となります。ただし、動かした球はリプレースしなければなりません。

球の後ろの草を
足で踏みつけた

状況

深いラフに入った球をショットする時、球の手前の草が邪魔だったので、足で踏みつけて打ちやすくした。

2打罰 そのままプレー続行

解説

ルールで禁止されている「球のライの改善」となり、2打罰となります。また、手前の草を手でむしったり、クラブのソールで押し倒したりクラブで切りとったりしても当然同じ違反となります。ティーショット以外は、「球はあるがままの状態でプレー」が、ゴルフの大原則です。

球の手前の落ち葉を
とり除いた

状況

球の手前に落ちていた木の葉が、ショットの邪魔になるので、手で拾い上げてとり除いてからプレーした。

 そのままプレー続行

解　説

落ちている木の枝・枯れ葉・枯れ草・小石・動物の糞・虫類などは「ルースインペディメント」といって、コース上のどこにあるものでも罰なしにとり除くことができます。ただし、ルースインペディメントを動かしていて球を動かした時は1打罰で、また動いた球はリプレースしなければなりません。

41

ショットの邪魔になる 木の枝を折った

状況

球の上方に張り出した木の枝が、スイングの邪魔になったので、それを手で折ってからプレーした。

そのままプレー続行

解説

木の枝を折ると、「意図するスイング区域の改善」を行ったことになり、2打罰です。コース上の固定物や生長物を折ったり、曲げたり、動かしたりして打ち易くしてはいけません。ただし、球を打つ時に偶然クラブが当たって木の枝が折れてしまった場合には、そのままスイングを続ければ罰は科せられません。

バックスイングで枝が
折れたがそのまま打った

状況

木の下でバックスイングしたら、上に張り出した
木の枝にクラブが当たり枝を折ってしまったが、
そのまま球を打ってしまった。

無罰 そのままプレー続行

解　説

木の枝などの生長物を折ることは禁止されています
が、テークバックからフィニッシュまでの球を打つ
動作中にクラブが当たって折ってしまった場合は例
外で、罰は受けません。ただし枝を折った後スイング
を中断した場合は、2打罰となります。

打ち易いように
スタンスの場所を作った

状況

急斜面に止まっている球を打つために、しっかり
したスタンスをとれるように、地面に石を置いて
足場を作って打った。

2打罰 そのままプレー続行

解説

「意図するスタンス区域を改善した」の違反です。足
をしっかり地面に据えるための動作は、ルールで認
められていますが、地面を掘り込んだり、石やブロッ
クを積み上げたりしてスタンスの場所を作ることは
禁止されています。

ドロップする前に地面をならした

状況

ルールに従って、拾い上げた球をドロップする前に、球が落ちる場所を足で踏みつけて、デコボコを直した。

2 打罰　そのままドロップ

解 説

ドロップした球が止まることになるような場所に影響を及ぼす可能性のある行動をとることは禁じられています。端的に言えば、ドロップ箇所の改善は不可ということです。

タオルを敷いて
ひざまづいて打った

状況

低く張り出した木の枝の下に入ってしまった
球を打つために、ズボンが汚れないようにタオ
ルを敷いて、そこにひざまづいて打った。

2 打罰 そのままプレー続行

解 説

ルールでは、プレーヤーは地面を掘り込んだり、石など
を置いたりして「意図するスタンス区域」を改善する
ことは禁止されています。この場合は、タオルを敷い
たわけですが、これも同様に「意図するスタンス区域
を改善した」の違反となり2打罰が科せられます。

完全にはがれていない
芝を切りとった

状況

カット…

ディボット跡に止まった球の前に、まだ一部分が
地面にくっついているディボットがあったので、
とり除いた。

2 打罰　そのままプレー続行

解　説

ディボットが地面と少しでもつながっている状態で
は、ルースインペディメントではないのでとり除くこ
とはできません。この場合は「球のライの改善」の違反
となり、2打罰を受けます。

47

捜索中に
自分の球を蹴った

状況

深いラフに打ち込んだ球を捜索している最中に、あやまって自分の球を蹴とばしてしまった。

 元の位置にリプレース

解 説

2019年からは、捜索中に偶然に（ついうっかりを含む）球を動かした場合、罰が科せられなくなりました。なお、動いた球はリプレースしなければならない点は旧規則と変わりません。

**·捜索中に他のプレーヤーの
球を蹴った**

状況

ウッ…！

他のプレーヤーの球を深いラフで捜索している最中に、あやまって、その人の球を蹴とばしてしまった。

 元の位置にリプレース

解 説

自分または自分のキャディーや携帯品が、あやまって他のプレーヤーの球を動かしてしまっても罰は受けません。球を動かされてしまった人は、その球を元あった位置にリプレースして次のショットをしなければなりません。

・ **自分のキャディーが
球を蹴った**

状況

深いラフで球を探している最中に、自分のキャディーが、あやまって自分の球を蹴とばしてしまった。

無罰　元の位置にリプレース

解　説

2019年からは、プレーヤーやキャディーが捜索中に球を偶然に（ついうっかりも含まれる）動かした場合は罰を受けないことになりました。ただし、動いた球は旧規則と変わらず、リプレースしなければなりません。

・捜索中に他人の球を
拾い上げた

状 況

自分の球の捜索中に見つけた他の球を、誰かの
ロストボールだと思って拾い上げたら、実は、そ
れは他のプレーヤーの球だった。

 元の位置にリプレース

解 説

捜索中に他のプレーヤーの球を動かしてしまっても無
罰です。そして、その拾い上げた球はリプレースされな
ければなりません。なお、リプレースすべき球をリプ
レースせずに止まっている所からプレーしてしまうと
一般の罰が科せられます。(「一般の罰」は225頁参照)

51

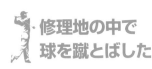

修理地の中で
球を蹴とばした

状況

修理地内に打ち込んだ自分の球を探している最中に、あやまって自分の球を蹴とばしてしまった。

 修理地の救済を受けない
場合はリプレース

解　説

一時的な水や修理地、動物の穴などの異常なグラウンド状態内にある球を捜索中に、偶然に球を動かしても無罰です。この球は修理地から罰なしの救済を受けることができますが、もしそれを受けないで修理地内から打つ場合には、元あった位置にリプレースしなければなりません。

落ち葉をとり除いたら
球が動いた

状況

球のすぐそばにあった落ち葉をとり除いたら、
球がコロッと動いてしまった。

1
打罰　元の位置にリプレース

解　説

落ち葉はルースインペディメントなのでコース上の
いずれにあるものでもとり除くことができます。しか
し、それが原因となって球が動いた場合は、1打罰を受
け、動いた球はリプレースしなければなりません。

構えたら
球が動いた

状況

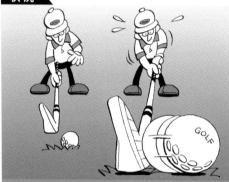

ラフに止まっている球のすぐ後ろの地面にクラブをソールしたら、クラブは触れていないのに球が僅かだが動いてしまった。

1打罰　元の位置にリプレース

解　説

球が動く原因となることをしたとみなされ1打罰が科せられます。なお、同様のことがグリーン上で起きた場合は無罰で、動いた球はリプレースしてプレーします。

構えたら
球が揺れた

状況

構えたら、クラブフェースが軽く球に触れてしまい、球が転がらなかったが揺れてしまった。

 そのままプレー続行

解　説

本来、プレーヤーが故意に球に触れると1打罰なのですが、構えている時だけは例外とされています。また、もし球を動かすと1打罰なのですが、揺れただけ（重心が移動していない）の場合は、球は動いたことにならないので罰は受けません。

素振りをしたら
球が動いた

状況

球の近くで素振りをしたら、クラブヘッドが軽く球をかすってしまい、コロリと球が動いてしまった。

1打罰 元の位置にリプレース

解 説

たとえ素振りのつもりでクラブを振ったとしても、この場合は、インプレーの球を動かしてしまった罰として1打罰となります。動かしてしまった球は元あった位置にリプレースしてプレーを続行します。

バックスイング中に
風で動いた球を打った

状況

バックスイングを始めた後に、風で球が少し動いたが、スイングを止められず、そのまま打ってしまった。

 無罰　そのままプレー続行

解　説

コース上のいずれの場所でも、インプレーの球が風によって動かされたことが明らかな時は、罰は科せられません。

打った球が
自分に当たった

状況

林の中に打ち込んでしまった球を打ったら、前に
あった木に当たり、はねかえってきて自分の体に
当たってしまった。

無罰 球が止まった地点
から次打をプレー

解　説

自分が打った球が、偶然に自分に当たってしまった場
合や、自分のキャディー、携帯品に当たってしまった場
合、2019年1月1日からは罰は科せられません。なお、
次打は球が止まった所からプレーします。

打った球がキャディーの ポケットに入った

状況

打った球は木に当たって大きくはね上がり、なんと偶然にも、自分のキャディーの服のポケットに飛び込んでしまった。

 無罰　飛び込んだ地点に ドロップ

解 説

2019年1月1日からは罰は科せられません。この場合には、球がポケットに入った時にキャディがいた位置の真下にできるだけ近い所にドロップしてプレー続行です。また、旗竿に付き添っていたキャディーに打球が偶然に当たった場合も罰は科せられないことになりました。

59

自分のキャディーに
当たった球がOBに

状況

打った球が自分のキャディーに当たって方向
が変わり、運悪くOB区域内に飛び込んでし
まった。

前打位置に戻って打ち直す

解　説

2019年からは打った球が自分の体やキャディーや携
帯品に当たっても罰は科せられなくなりました。従っ
てこの場合はOBの1打罰のみが科せられ前打位置か
ら打ち直します。

打った球が 共用のカートに当たった

状況

マイ バッグ..！

2人分のキャディーバッグを積んだ共用のカート
の他のプレーヤーの方のキャディーバッグに、
打った球が当たった。

 そのままプレー続行

解説

共用のカート上の携帯品は、すべて自分の携帯品と同
じ扱いとなりますが、2019年からは自分の携帯品に
打球を当てても罰は科せられなくなりました。

·他のプレーヤーの球を捜索中の
共用のキャディーに球が

状況

ワッ！

他のプレーヤーの球を捜索中の共用のキャディーに、自分が打ったシャンクした球が当たった。

 球が止まった地点
から次打をプレー

解　説

共用のキャディーであろうとなかろうとキャディーに打った球を当てた場合は、罰は一切科せられなくなりました。

打った球が
他のプレーヤーに当たった

状況

打った球が木に当たって大きく方向が変わり、
前方にいた他のプレーヤーの足に偶然当たって
しまった。

 球が止まった地点
から次打をプレー

解　説

打った球を他のプレーヤーやそのキャディーに当て
ても罰は科せられません。

63

空振り後、戻したクラブが
球に当たりOBになった

状況

シマッタ!

空振りしたクラブを「シマッタ」と後方へ振り戻したら、ヘッドが球に当たり、転がった球はOB区域内に入ってしまった。

1打罰　元の位置にリプレース

解説

「インプレーの球を動かした」の違反です。後方へクラブを振ったことは、球を打つ意思のないスイングですから、ストロークとはなりません。従ってOB球にはならず、後方へのスイングも計算に入れません。しかし、インプレーの球を動かしてしまった罰として1打罰となり、球は元の位置にリプレースします。

ラフで
2度打ちしてしまった

状況

深いラフにある球を打ったら、球の下をクラブが
くぐってしまい、フワッと上がった球にもう一度
クラブが当たってしまった。

 無罰 球が止まった地点
から次打をプレー

解 説

1回のストローク中に、偶然にクラブに球が2回以上
当たってしまったことを「2度打ち」といいます。2
度打ちした場合、2019年からは罰は科せられないこ
とになりました。なので、その時のストロークの1打を
数えるだけでよいです。

打った球が他のプレーヤーの
球に当たった

状況

アッ！

自分が打った球が前方にあった他のプレーヤー
の球にぶつかってしまい、その球をはじきとばし
てしまった。

 当てられた球は
リプレース

解　説

打った球が他のプレーヤーの球を動かしても、双方の
球がグリーン上にあった場合以外は無罰です。当てた
方の球は止まった所からプレー続行、一方当てられた
方の球は元あった位置にリプレースします。なお、元の
位置がはっきりわからない時は元の位置からできるだ
け近い所にドロップします。

動いている2つの
球がぶつかった

状況

他のプレーヤーの球が止まらないうちに自分の
球を打ったら、2人の球が転がりながらぶつかっ
てしまった。

 双方そのままプレー続行

解 説

動いている2つの球がぶつかった時には、双方無罰で、
それぞれの球が止まった所から次のプレーを行いま
す。ただし、グリーン上では、他のプレーヤーが打った
球が完全に止まるまで、それ以外のプレーヤーはスト
ロークをしないように注意しましょう。

**作業車に当たった
球がOBに**

状況

打った球は、コースの脇に止まっていた作業用の
トラックにぶつかり、大きくはねてOB区域内に
飛び込んでしまった。

1打罰 前打位置に戻って打ち直す

解 説

OBに打ち込んだことに対し1打罰を受け、最後にプ
レーした箇所から打ち直さなければなりません。

股抜ショットをした

状況

近くに生えている2本の木の間にある球を、両脚を大きく開いて脚と脚の間を通して打った。

2
打罰

球が止まった地点から次打をプレー

解　説

2019年からはコース上のいずれの場所においても、「プレーヤーは、故意に足をプレーの線(または球の後方延長線上)の両側に置いたスタンス、またはいずれかの足でプレーの線(球の後方延長線上)に触れたスタンスでストロークを行ってはならない」の規則が適用されることになりました。なお、グリーン上での例外については180頁を参照。

OB球と知らずに そのまま打った

状況

コースの脇で止まっていた球を、OBとは知らずに打ったが、他のプレーヤーの指摘で調べてみると、そこはOBの区域だった。

3打罰 前の位置に戻って 次打をプレー

解　説

OB区域から球を打つと、「誤球のプレー」で2打罰となり、OBの1打罰と合計で3打罰となります。次打はOBになった球を打った地点に戻って行います。なお、OB区域から打った誤球のプレーのストロークは計算に入れません。

他のプレーヤーの
球を打った

状況

うっかり間違って、他のプレーヤーの球を打って
しまった。その人の指摘で、すぐに間違いに気が
ついたのだが。

2
打罰

自分の球を打ち直す

解 説

自分以外の球を打つと「誤球のプレー」として2打罰を
受けます。この場合、誤球でのストロークは計算に入れ
ずに自分の球を打ち直します。なお、誤球された球の
持ち主は、元あった所にリプレースします。ただし、そ
の球をすぐにとり戻せなかった場合は、別の球でプ
レーを続けることができます。

71

他のプレーヤーに知らせずに
球を拾い上げた

状況

他のプレーヤーもマーカーも遠くにいたので、
泥だらけの球を、自分の球かどうか確認するた
めに1人で拾い上げた。

 元の位置にリプレース

解　説

確認のために球を拾い上げる時には、球の位置を
マークすることは必要ですが、2019年からは事前に
マーカーか他のプレーヤーにその意思を告げたり、確
認とリプレースに立会う機会を与えたりすることは
必要ではなくなりました。

元の球か暫定球か わからない

状況

元の球がOBくさくて暫定球を打ちまた同じ方向 に飛んだが、行ってみると2つともセーフだった。 しかし、どちらが元の球かわからない。

1 打罰　どちらかの球を自分で選び 暫定球としてプレーする

解 説

元の球がセーフなのは間違いないが、暫定球と区別が つかなくなったケースです。どちらかの球を選択し暫 定球としてプレーします。ショットの前に球の番号を 確認し、暫定球は異なる番号を使うことを習慣としま しょう。

ホールに近い暫定球を
先に打った

状況

元の球があると思われる地点よりホールに近い
所にあった暫定球を、もう一度打ってから元の
球を探したらセーフだった。

1 打罰 暫定球の方でプレー続行

解　説

元の球があると思われる地点よりホールに遠い所に
ある暫定球は、何回プレーしてもかまいませんが、
ホールに近い所にある暫定球をプレーすると、元の球
は、たとえセーフでも紛失球となり1打罰で、暫定球が
インプレーとなります。

暫定球を打った後、ずっと前に球が

状況

3分間探したが元の球が見つからなかったので、暫定球でプレーし続けたところ、元の球を見つけた。

暫定球の方でプレー続行
（紛失球の1打罰がつく）

解 説

元の球は3分間探して見つからなかった時点で紛失球となり、代わって暫定球がインプレーの球となります。なので、この場合は、暫定球でプレーし続けなければなりません。

球が池の方向に
飛んで行ったが

状況

ドッグレッグしていてよく見えなかったが、池の
ある方向に飛んで行った球がどこに止まったの
か誰にもわからなかった。

1 打罰

紛失球として
前打位置に戻って打ち直す

解説

球が池に入っていることがわかっているか、ほぼ確実
な時はペナルティーエリアに入った球として処置する
ことができます。それ以外の場合は紛失球として扱わ
なければなりません。

自分の球かどうか
確認できない

状況

ラフで同じ名称の球を2つ見つけたが、球のナンバーをおぼえていなかったので、どちらが自分の球か確認できなかった。

1
打罰

紛失球として
前打位置に戻って打ち直す

解　説

自分の球と確認できない場合には、2つのうちどちらかが自分の球だったとしても、ルール上は紛失球となってしまいます。従って1打罰で前打位置に戻って次のプレーを行います。なお、そこがティーイングエリア上なら再ティーアップできます。

77

番号も商標も同じ 球が2つある

状況

すぐ近くにある自分と他のプレーヤーの球は、番号も商標も全く同じだったので、どちらが自分の球かわからなかった。

1打罰　紛失球として前打位置に戻って打ち直す

解説

2人の球が区別できない場合には、2人とも球の確認ができないわけですから、この場合には、両球とも紛失球となってしまいます。従って、双方1打罰で、それぞれ前のショットの位置に戻って打ち直さなければなりません。

球が地面に
くい込んでしまった

状況

打った球が高く上がり、深くフェアウェイの地面
にくい込んでしまった。

 拾い上げてドロップ

解　説

ジェネラルエリア（すべてのフェアウェイとラフを
含む）で、球が地面にくい込んでしまった時は、罰なし
に球を拾い上げて拭き、球が地面にくい込んでいた場
所の直後の救済の基点から左右1クラブレングス以
内でホールに近づかない所にドロップします。

泥だらけの球を
拾い上げて確認した

状況

修理地を転がってフェアウェイで止まった球は、
泥だらけになっていて、自分の球かどうか、番号
や商標の確認ができない。

 元の位置にリプレース

解　説

自分の球かどうか確認できない時には、球の位置を
マークして拾い上げ、確認に必要な限度内で球を拭く
ことが許されています。自分の球と確認できた場合は、
元の位置にリプレースします。なお、2019年からはこ
の処置は他のプレーヤーなしで行うことができるよう
になりました。

カラー上の泥だらけの球を拾い上げて拭いた

状況

カラーの上にあった泥だらけの球を、グリーン上と勘違いして、拾い上げてきれいに拭いてしまった。

 元の位置にリプレース

解説

「インプレーの球を拾い上げた」の違反です。カラーはグリーンの一部ではありません。グリーン以外にある球を拾い上げてきれいに拭いた場合は、インプレーの球を規則の許可なしに拾い上げたことに対してのみ1打罰を受けます。

木の上の球を
確認できない

状況

とても登れそうにない高い木の上に球がひっか
かってしまい、数分間以内に自分の球かどうか確
認できない。

1 紛失球として
打罰 前打位置に戻って打ち直す

解　説

球が捜索時間の3分以内に見つかっても、それが自分
の球と確認できない場合は、さらに確認のための合理
的な時間が認められます。その合理的な時間内に自分
の球を確認できなかった場合、その球は紛失球とな
り、1打罰の上、前打位置から打ち直さなければなりま
せん。

マークしないで自分の
球を拾い上げた

状況

泥だらけの球を、自分の球かどうか確認するために拾い上げたが、その際うっかり、マークをするのをわすれてしまった。

元の位置にリプレース

解 説

「マークを怠った」の違反です。「球の確認」や「プレーの妨げまたは援助になる球」など、後で球をリプレースしなければならない条件で球を拾い上げる時には、事前に必ずマークしなければなりません。これに違反すると1打罰となります。なお、球は元の位置にリプレースします。

草をかきわけて
球を確認した

状況

深いラフにあった球は、そのままでは自分の球
かどうか確認できなかったので、草をかるく広
げて確認した。

 そのままプレー続行

解　説

自分の球かどうかを確認するために草に触れること
は、確認のために必要な限度内で行うことだけ許され
ています。ただし、草をむしったり、必要以上に草を
押しつけたりすると、「球のライの改善」となって、2打
罰となります。

木をゆすって
球を落とした

状況

球がひっかかったらしい木をゆすった所、自分
の球が落ちた。

 元の位置にリプレース

解 説

2019年からは、探していて自分のインプレーの球を
動かした場合は罰は科せられなくなりました。なの
で、この場合のように木をゆすって自分の球を落とし
ても罰はありません。なお、落とした球はリプレース
してプレーするか、またはアンプレヤブルの救済処置
(1打罰)をとってプレーします。

85

紛失球だと思ったら
ホール・イン・ワンだった！

状況

> 見つからないので、紛失球だと思ってティーに
> 戻り打ち直した後で、パー3ホールのグリーン上
> で球がホールの中に入っていた。

 無罰 元の球で
ホール・イン・ワン

解　説

ゴルフは、1つの球をティーイングエリアから打ち、1ま
たは連続するストロークでホールに入れることで成立
するゲームです。従って、最初の球がホールに入った
時点でこのホールのプレーは成立したわけですから、
紛失球だと思って打ち直したストロークはカウントし
ません。

別の球をドロップした後に元の球が見つかる

状況

球が見つからなかったので、紛失球として前打位置に戻って別の球をドロップしたところ、キャディーが元の球を見つけた。

1打罰 ドロップした球でプレー続行

解説

インプレーにするつもりで別の球をドロップした時は、そのドロップした球がただちにインプレーの球となり、同時に元の球はアウトオブプレー（プレー外）の球となります。アウトオブプレーになった元の球をストロークすると、誤球のプレー違反（2打罰）になるので要注意。

木の根元に球が
くっついていて打てない

状況

球は大きな木の根元にぴったりくっついて止まっていて、このままではどうやっても球を打てない。

1打罰　アンプレヤブルとみなす

解　説

球がペナルティーエリア以外にあって、そのままでは球を打てそうもない場合や、そのまま打つと大きなトラブルとなりそうなので、1打罰でも救済を受けた方がいいと考えた時には、「アンプレヤブル」の処置をとることができます。(処置の仕方は222頁参照)

木の上に球がある

状況

木の枝にひっかかっていた球が自分の球だと確認はできたが、このままではとても打てそうにない。

1打罰 アンプレヤブルとみなす

解説

「木の根元に球がくっついている場合」と同様に、「アンプレヤブル」とみなして救済を受けてプレーしますが、この場合の処置の仕方は222頁に詳しく解説してありますが、このような場合、球のあった地点は、木の枝にひっかかっていた球の真下の地面を基点として処置します。

89

崖下のアンプレヤブルの球を
崖上にドロップして打った

状況

崖下にあった球を「アンプレヤブル」とみなして、水平距離で2クラブレングス以内の崖上にドロップして打った。

2
打罰

球が止まった地点
から次打を

解　説

木の上など空中にある球の場合、垂直距離は無視することができますが、球が地面にある場合には、崖が垂直に切り立っていても、その垂直距離は無視できません。この場合、誤所にドロップしてそのまま打ってしまったことになり自分に著しく有利な場所にドロップするなど重大な違反とならない場合は2打罰となります。

木の支柱が邪魔で打てない

状況

球は木の支柱にぴったりくっついて止まっていて、このままではこの支柱が邪魔でスイングができない。

 動かせない障害物からの救済を受ける

解　説

木の支柱は動かせない障害物なので、球がペナルティーエリア以外の場所に止まっていてかつその支柱がなければあるがままの状態でプレーできる場合は、罰なしに救済を受けることができます。（救済の受け方は233頁参照）

91

金網に球が
はさまってしまった

状況

コース内にある金網の目に球がはさまってしまっているので、このままではどうやっても打てない。

 動かせない障害物からの
救済を受ける

解　説

コース内にある金網は人工物で、動かせない障害物となりますから、球がペナルティーエリア内にある場合を除いて、罰なしに動かせない障害物からの救済を受けられます。(救済の受け方は233頁参照)

金網の反対側に
ドロップして打った

状況

フェアウェイから見て金網の裏側に球があった
ので、動かせない障害物からの救済を受けて、
フェアウェイ側にドロップして打った。

無罰　そのままプレー続行

解　説

ドロップした場所が、その障害を避けるニヤレスポイン
トから1クラブレングス以内で、ホールに近づかない
所なら問題ありません。以前は、障害物の上を越えた
り、中または下を通して測ることは禁止されていた時
期もありましたが、2000年のルール改定で、この規
制が削除されました。

OB杭の外側の金網が邪魔なので球を移動した

状況

球はセーフだったが、OB区域の金網が邪魔なので、動かせない障害物として、球を1クラブレングス内でドロップして打った。

2打罰 球が止まった地点から次打を

解　説

「インプレーの球を動かしてリプレースを怠った」の違反です。ルール上、OB区域内にある動かせない人工物は、「障害物」とみなされません。従って、球を移動して打ってしまうと、2打罰となってしまいます。このケースでは、そのまま打つか、アンプレヤブルを宣言するのが正しい対処法です。

倒れた大木が邪魔で
打てない

状況

根株から完全に離れて倒れた大木の下に球が
入ってしまい、このままでは打てないし、大木も
重くてとても動かせそうにない。

 ルースインペディメントからの
救済を受ける

解　説

その倒木は、ルースインペディメントなので、動かし
たり、邪魔な枝葉をとり除いてプレーすることができ
ます。この場合、他のプレーヤーやキャディーに手
伝ってもらって倒木を動かすこともできます。

95

OB杭が邪魔なので
抜いて打った

状況

OB杭の後ろに球が止まっていたので、この邪魔なOB杭を引き抜いてから打った。

2
打罰
球が止まった地点から次打を

解　説

境界杭を動かして球のライや意図するスイング区域を改善することは許されていません。ただし、2019年からは、その動かした境界杭をすぐに元の状態に戻して次打を打った場合は、罰は科せられないことになりました。

邪魔な黄杭を抜いて打った

状況

ペナルティーエリアを示す黄杭の手前のフェアウェイに球が止まっていて、このままでは打てないので、この杭を抜いて打った。

動かせる障害物からの救済を受けたことになる

解　説

OB杭以外の黄杭・赤杭・青杭・距離表示杭などは、ルール上すべて「障害物」であり、簡単に抜ける時は、動かせる障害物として抜いて打つことができます。また、抜けない時は、動かせない障害物としての救済を受けられます。（救済の受け方は233頁参照）

97

バンカーレーキが
邪魔で打てない

状況

ウ〜!

バンカーのそばのラフに止まった球は、置いてあったバンカーレーキにくっついて止まっていて、このままでは打てない。

無罰 動かせる障害物からの救済を受ける

解　説

バンカーレーキ、空カン、ビン、紙コップ、ティッシュ・ペーパーなどは、すべて動かせる障害物であり、罰なしにとり除くことができます。また、とり除く時に球が動いてしまった時は、罰なしに動いた球をリプレースします。

他のプレーヤーの球が
邪魔で打てない

状況

自分の球のすぐ前に他のプレーヤーの球が止まっていて、このまま打つと2つの球を打ってしまいそうだ。

 「プレーの妨げになる球」は
拾い上げてもらうことができる

解　説

他の球が自分のプレーの妨げになる場合には、その球を拾い上げてもらうことができます。球を拾い上げる人は、マークしてから（マークが邪魔になる場合は横にずらす）拾い上げ、打ち終わったら元の位置にリプレースしなければなりません。

舗装道路の上に
球が止まる

状況

障害物に指定されている道路の上に球が止まっていて、このまま打つと、クラブが道路に当たってキズがついてしまいそうだ。

 動かせない障害物からの
救済を受ける

解　説

障害物に指定されている舗装道路の上に球があったり、スタンスが道路にかかってしまう場合には、動かせない障害物としての救済を受けられます。プレーヤーは罰なしで球を拾い上げ、障害を受けない地点にドロップすることができます。救済の受け方は、233頁を参照してください。

排水溝の中に
球が入っている

状況

球がペナルティーエリアではない排水溝（U字溝）の中に落ちてしまった。この場合どう処置すればいいのか。

 無罰 動かせない障害物からの
救済を受ける

解　説

ペナルティーエリアとされていない排水溝は動かせない障害物となりますので、罰なしに救済を受けることができます。（救済の受け方は233頁参照）また、排水溝のフタの上に球が止まっている時も同様に救済が受けられます。

水たまりの中に
球が入っている

状況

フェアウェイ上の水たまりに球が止まっていて、
このままでは満足なショットができそうもない。

 一時的な水からの
救済を受ける

解　説

コース上に、プレーヤーがスタンスをとる前から、また
はスタンスをとった後に見える水たまりは「一時的
な水」といい、その中に球かスタンスが入っている場
合には、罰なしに救済が受けられます。（救済の受け
方は226頁参照）

雪の中に
球が入っている

状況

冬のラウンド中に、除雪して積み上げられた雪の
山に球が入ってしまって、このままでは打てそう
もない。

 一時的な水か
ルースインペディメント

解 説

雪や氷の所にある球は、一時的な水としての救済を受
けるか、ルースインペディメントとしてとり除くかの
選択となります。ただし、人工の氷は「障害物」として
処理しなければなりません。(救済の受け方は226頁
参照)

103

モグラの穴の中に球が入った

コロコロ転がった球は、モグラが掘った穴の中に入っていて、このままでは打てそうもないが、この場合の処置は。

 異常なコース状態からの救済を受ける

解説

穴掘り動物が作った穴や、穴を掘った際に出された土の山などの放出物、またこれらの動物の通り道などのことを異常なコース状態といいます。これらのものがプレーの妨げになっている時は、罰なしの救済が受けられます。(救済の受け方は226頁参照)

修理地にスタンスが かかる

状 況

球は修理地の外にあるのだが、スタンスが修理地の中に入ってしまい、満足にスタンスがとれない。

 異常なコース状態からの
救済を受ける

解 説

修理地や一時的な水の規定では、球がその中にある場合だけでなく、それがプレーヤーのスタンスやスイングを妨げる場合にも救済が受けられることになっています。従って、この場合も無罰で救済が受けられます。(救済の受け方は226頁参照)

走行中のトラックに
球が乗った

状況

コース内の道路を走っていたトラックの荷台に
球が飛び込んでしまい、トラックは気付かずに走
り去ってしまった。

 飛び込んだ地点に
ドロップ

解　説

動いている球が、自動車などにより偶然に持ち去ら
れてしまった時は、かわりの球を元の球が自動車に
飛び込んだ地点にできるだけ近い所に罰なしでド
ロップします。

カラスが球を
くわえていった

状況

オーイ！

フェアウェイにあった自分の球を、飛んできた
カラスがくわえていってしまった。近くで見て
いたので間違いなく自分の球だ。

無罰　持ち去られた場所に
リプレース

解　説

カラスや犬などが動かした球は、罰なしに元の位置
にリプレースします。ただし、その球をすぐにとり戻
せない時は、かわりの球をプレースします。なお、自分
の球を持ち去られたことがはっきり確認できていな
い時は、紛失球となってしまいます。また、元の位置が
わからない時はドロップします。

ドロップした球が
足に当たって止まる

状況

アンプレヤブルを宣言して、急斜面に規定通り
にドロップした球が、転がって自分の足に当たっ
て救済エリア内に止まった。

 無罰　球が止まった地点から
次打を

解　説

ドロップした球が、自分や自分のキャディー、携帯
品に偶然に触れたり当たったりしてしまった時は、罰
はなく、救済エリア内に止まった球はあるがままにプ
レーし、救済エリア外に止まった球は再ドロップしな
ければなりません。

ドロップした球が
バンカーに落ちた

状況

規定通りにバンカー外の救済エリア内にドロップした球は、コロコロ転がって、バンカーの中に落ちてしまった。

 もう一度ドロップする

解　説

救済エリア内にドロップした球がそのエリアの外に止まった時は、罰なしに球を拾い上げ、再ドロップします。(詳しくは230頁参照)

ドロップした球が OB区域に入った

状況

OB…?

コースの脇の斜面に規定通りドロップした球が OB区域内にコロコロ転がり込んでしまった。

 無罰 もう一度ドロップする

解　説

救済エリア内にドロップした球がそのエリアの外に 止まったケースなので、その球は罰なしに拾い上げて 再ドロップしなければなりません。（詳しくは230頁 参照）

**ドロップした球が
救済エリアの外に止まった**

状況

急斜面にドロップした球は止まらずに、下の
フェアウェイの方までコロコロ転がり落ちて
しまった。

 再ドロップする

解 説

ドロップした球が、救済エリアの外に止まった場合は
再ドロップしなければなりません。また、再度ドロップ
しても同じ結果となった場合は、再ドロップした時に
球が最初に地面に落ちた地点にできるだけ近い所に
プレースします。

再ドロップした球も
救済エリアの外に止まった

状況

急斜面にドロップした球は止まらずに転がり落ちて救済エリアの外に止まった

　再ドロップした時最初に地面に落ちた地点にプレース

解　説

再ドロップした球も救済エリア外に止まった場合は、再ドロップした時に、その球が最初に地面に落ちた地点にできるだけ近い所に、その球をプレースします。

ラフの球を
フェアウェイにドロップした

状況

ラフに止まっていた球を、動かせない障害物の救済を受けて規定通りにドロップしたが、そこはフェアウェイだった。

 そのままプレー続行

解　説

そのドロップが規定通りの範囲内に正しく行われている限り、その位置がフェアウェイでもラフでも関係ありません。ルール上、フェアウェイもラフも区別はなく、どちらも「ジェネラルエリア」です。（動かせない障害物からの救済の受け方は233頁参照）

113

土中から体を出した
ミミズが邪魔！

状況

球に土の中から顔を出したミミズがくっついて
いる。ミミズの体は半分土の中に入っているが。

 ルースインペディメント
としてとり除くことができる

解　説

ミミズはルースインペディメントに属するので、罰な
しにとり除いてプレーすることができます。

真2つに
球が割れた

状況

ワッ!

打った球は、空中で真2つに割れて、それぞれコースの上の別の場所に落ちた。この場合どちらの位置から次のプレーを行えばいいか。

 無罰　前の地点から
別の球で打ち直す

解　説

球が2つに割れてしまった時は、罰なしに前打地点に戻って、別の球をドロップ(ティーイングエリア上ではティーイング)して打ち直します。この場合、球を割ったショットのストロークは計算に入れません。(ドロップの仕方は230頁参照)

球の表面が切れた

状況

トップして打った球には、大きな切れ目が入って
しまい、このままでは、まともなプレーができそ
うもない。

 「プレーに適さない球」と認められたら、
別の球をプレース

解　説

切れたり、変形したりしてプレーに適さなくなった
球は、他のプレーヤーかマーカーによってその通り
認められた場合には罰なしに別の球ととり替えるこ
とができます。なお、球を拾い上げる前にマークし、
とり替えた球はその位置にプレースします。

リプレースの所を
ドロップして打った

状況

他のプレーヤーに蹴られて動かされてしまった
球は、本来元の位置にリプレースだが、間違えて
ドロップして打ってしまった。

1 打罰

球が止まった地点
から次打をプレー

解　説

リプレースしなければならない球をドロップして
打ってしまった場合は、旧規則上は2打罰でしたが、
2019年1月1日からは1打罰となりました。なお、ド
ロップすべき球をプレースして打った場合は、旧規
則と変わらず2打罰を受けます。

バンカー

- 確認のため球を
無罰で拾い上げることが出来る

- ただし、バンカーから誤球を
プレーした場合は、
2打罰を受ける

- 構えた時にクラブヘッドを
球の直前・直後の砂に
触れた時とバックスイング中に
クラブヘッドが砂に触れた時は
旧ルール通り一般の罰を
受けるが、それ以外の時に
クラブや手を偶然に砂に触れた
時は罰は科せられなくなった

バンカーとペナルティーエリアが全く異なる区域に分類された

　2019年規則では、「ハザード」や「ウォーターハザード」という用語が使われなくなりました。

　なお、ウォーターハザードは「ペナルティーエリア」という呼称に変わりました。

　これに伴い、バンカー、ペナルティーエリア両区域内に球がある時の規則は従来は全く同じでしたが、2019年からは少し違ったものになります。

　では、変わった点と変わらない点について、箇条書きしておきます。

- 両区域内では、確認のために球を拾い上げることは許されるので、その代わり、誤球をプレーした場合は一般の罰が科せられる点は旧規則と同じです。

- バンカー内に球がある時、構えた際に球の直前・直後の砂にクラブヘッドを触れたり、バックスイング中にクラブヘッドが砂に触れた場合や素振りをしていて砂に触れた場合は旧規則と同じ一般の罰が科せられます。

- 砂に触れてバンカーの状態をテストした場合は旧規則と同じ一般の罰を受けます。一方、ペナルティーエリアに球がある時、構えた際に球の直前・直後の地面や水面にクラブヘッドを触れさせても、罰は科せられなくなりました。
  [注、球の直後の地面をクラブで強く押さえつけて球のライの改善をした場合は、言うまでもなく一般の罰が科せられます。]
  従って、両区域内に自分の球がある時でその球から離れた所では、砂や地面や水面にクラブや手を偶然に触れさせても罰は科せられなくなりました。例えば、バンカーの中やペナルティーエリアに入る時や両区域内で動き回っている時に、転ばないように手やクラブを区域内の砂や地面や水面に触れてしまっても罰は受けません。

- バンカー内でアンプレヤブルの球…1打罰の上①2クラブレングス以内のバンカー内にドロップ、②ホールと球を結んだ後方線上でバンカー内にドロップ、③前打位置からの打ち直しの救済の外に、さらに1打罰を加えて後方線上のバンカー外にもドロップができるようになりました。

バンカー内で
クラブをソールした

状況

バンカー内にある球を打とうとした時、ついうっかり、クラブヘッドを砂に触れさせてしまった。

2 打罰　そのままプレー続行

解　説

球がバンカーにある時には、球の直前や直後の砂面にクラブを触れることが禁じられています。また、ストロークのためのバックスイング中にクラブヘッドが砂面に触れた場合も違反となります。いずれの違反も罰は2打罰です。

バンカー内の砂に
カサを刺した

状況

雨の日のラウンド中、バンカー内に入った球を
打とうとバンカー内に入り、刺していたカサを
たたんで砂に刺してからショットした。

2
打罰

そのままプレー続行

解 説

「バンカーの状態のテスト」の違反です。カサやレー
キなどの物を意図的にバンカー内の砂や地面、ペナ
ルティーエリア内の水に突き刺すことは禁止されて
います。たとえ、本人にその意思がなくてもそれぞれ
の区域の状態をテストしたことになり、2打罰となり
ます。

121

·最初の足跡を
ならした

状況

ヨイショ！

バンカーショットをしたが球はまだバンカーの
中にあったが、今打った足跡をならしてから次の
バンカーショットをした。

 そのままプレー続行

解　説

ストロークした後、プレイヤーが砂をならすことは許
されています。従来、この規則には『ただし、次のライの
改善にならないことが条件』とされていましたが、
2008年の改定により、この但し書きも廃止。次の
ショットで今ならした所に球が戻ってきても罰は受け
なくなりました。

打つ前に、自分のキャディーが足跡をならした

状況

バンカー内の球を打つ前に、自分のキャディーが、バンカー内にたくさんある足跡をレーキーでならしてしまった。

 そのままプレー続行

解　説

自分の球の位置やライ、意図するスタンスやスイング区域、プレーの線などの改善をしたら違反となりますが、単にコースを保護する目的であれば、打つ前に自分や自分のキャディーがバンカー内の砂や土をならすことは許されるようになりました。(2012年ルール改定)

となりのバンカーの
砂を調べた

状況

自分の球が入っているバンカーのそばにある別のバンカーに入って、中の砂の状態をクラブで確かめてから、自分の球を打った。

そのままプレー続行

解説

「バンカーの状態をテストした」の違反です。バンカー内に球が止まっている時には、ルールでは、プレーヤーがそのバンカーの砂の状態をテストすることだけでなく、類似するバンカーの状態をテストすることも禁止されています。この場合も、それに違反したことになり、2打罰が科せられます。

ならした場所に
球が逆戻りした

バンカーから打った球は、土手の斜面に止まったと思ったので砂をならしたが、再び動き出し転がり落ちて、今ならした所へ戻った。

そのままプレー続行

解 説

バンカー内からショットした後に、バンカー内の砂をならすことは、ルールで許されていますが、打った球がならした所へ戻ってきて止まってしまった場合、従来の規則では2打罰とされていましたが、2008年の改定によって、無罰となりました。

バンカーからOB後に
砂をならした

状況

ドロップ！

バンカーから打った球はOB区域に飛び込んでしまったが、いったん砂をならしてから打ち直しの球をドロップした。

無罰　そのままプレー続行

解　説

ルール上、プレーヤーがバンカー内の砂に触れることを禁止しているのは、球がバンカー内にありプレーする前です。バンカー内からOBを打った後は、その箇所をならしてドロップしても罰はありません。ただし、OBの1打罰はつきます。

バンカー内に
使わないクラブを置いた

状況

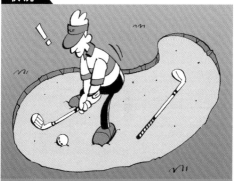

使用するクラブを決めかねて、バンカー内に持ち
込んだ2本のクラブの内、使用しない1本を砂の
上に置いてから球を打った。

 そのままプレー続行

解 説

使用しないほうのクラブやキャディバッグをバンカー
内に静かに置くことは、ルールで許されていますから
罰はありません。

127

バンカーレーキが邪魔

状況

バンカー内に飛び込んだ球は、置いてあったバンカーレーキにくっついて止まっていた。

動かせる障害物
としてとり除く

解 説

ルール上、バンカーレーキは「動かせる障害物」ですから、罰なしにとり除くことができます。また、もしバンカーレーキをとり除いた時に球が動いてしまった場合も罰はなく、動いた球は元の位置にリプレースします。

**バンカー内でスタンスを
とっていたら球が動いた**

バンカー内の球を打つために、球の横で砂に足
をしっかり押しつけて打とうとしたら、震動で
球がコロッと動いてしまった。

 元の位置にリプレース

解 説

「インプレーの球を動かした」の違反です。砂に足を押
しつけた震動で球が動いてしまうと、プレーヤーがそ
の球が動く原因となることをしたので1打罰となりま
す。動いた球は元の位置にリプレースします。

バンカー内で
落ち葉をとり除いた

バンカー内に入った球の手前に、ショットの邪魔
になる落ち葉があったので、とり除いた。

無罰 そのままプレー続行

解 説

2019年1月1日からは、バンカー内やペナルティーエ
リア内にあるルースインペディメント（落ち葉や小石
や小枝など）をとり除いたり、これらに触れることが
許されるようになりました。

バンカー内で捜索中、落ち葉を
とり除いた時球が動いた

状況

バンカー内の落ち葉がたまっている所に球が入り、まったく見えない状態の時、落ち葉をとり除いたら球が動いてしまった。

 元の位置にリプレース

解 説

見つけようとして、または確認しようとしている間に球を偶然に動かしてしまった場合には、罰は科せられません。

131

バックスイングでクラブが
枯れ枝に当たった

状況

テイク バック…

バンカー内の球を打つために、バックスイングを
したら、バンカー内に落ちていた枯れ枝にクラブ
のヘッドが触れた。

 無罰 そのままプレー続行

解 説

2019年1月1日から、バックスイングの時を含めバンカー内にあるルースインペディメントにクラブや手を触れても罰を受けないことになりました。なお、バックスイング中にクラブヘッドが砂に触れた場合には2打罰を受けます。

バンカー内で確認のために
球を拾い上げた

状況

バンカー内に飛び込んだ球は、砂にめりこんでいて、名前やナンバーが見えなかったので、自分の球と確認するために拾い上げた。

 元のライを復元して
元の位置にリプレース

無罰

解　説

マークして球を拾い上げることができます。なおその際は、事前にマーカーや他のプレーヤーに意思を告げたり立ち会ってもらう必要はなくなりました。

バンカー内の砂に完全に
球が埋まってしまった

状況

バンカー内にストンと落ちた球は、砂の中に深く
めりこんでしまい、完全に砂の中に埋まってい
て、まったく球が見えない。

砂をどけて確認する
ことができる

解 説

バンカー内で砂の中に球が埋まっている時には、自分
の球かを確認する為に砂をとり除くことができます。
もし、砂を必要以上にとり除いてしまっても罰はつき
ませんが、球の一部が見える程度に砂を被い直さなけ
ればなりません。

他のプレーヤーのショットで 球に砂がかぶった

状況

他のプレーヤーのバンカーショットで飛んだ砂が、同じバンカーの中にあった自分の球の上にかぶさってしまった。

 砂をとり除き元の状態に 戻すことができる

解 説

バンカー内の自分の球のライが、他のプレーヤーのバンカーショットによって変えられてしまった時は、罰なしに元の状態に復元することができます。もし、復元作業の最中に球が動いてしまっても罰はなく、元に位置にリプレースします。

135

バンカー内の水たまりに球が入った

状況

バンカーに飛び込んだ球は、バンカーの中央にあった小さな水たまりの中に入って止まっていた。

 一時的な水からの救済を受ける

解　説

バンカー内にドロップできる場所があれば、罰なしに一時的な水からの救済が受けられます。この場合は、球が止まっていた地点よりホールに近づかずに、その障害を避けることができる救済のニヤレストポイントを決定しその地点から1クラブレングス以内のバンカー内にドロップします。

**水浸しのバンカーの中に
球が入って打てない**

中が水浸しになっているバンカーに球が入って
しまって、一時的な水でドロップする場所がバン
カー内で限られている。

**無罰
or
1打罰**　　3通りの救済のとり方がある

解　説

この場合は次のいずれかの処置をとります。(a)罰なし
に、一時的な水が最も浅い場所でホールに近づかず、か
つ球が止まっていた箇所に最も近い地点にドロップ。
(b) ホールと球を結んだバンカーの後方線上にドロッ
プ。(c)アンプレヤブルとみなして前打位置から打ち直
す。(b)か(c)の処置をとった場合は1打」罰。

バンカー内で2つの
球がくっついている

状況

バンカー内で、自分の球のすぐ前に他のプレーヤーの球がぴったりくっついて止まっていて、このままショットすると2つ打ってしまいそうだ。

 他のプレーヤーの球を
拾い上げてもらって打つ

解　説

他のプレーヤーの球が自分のプレーの妨げになる場合なので、その球を拾い上げてもらうことができます。拾い上げる時は、必ずマークしてから行い、ショット後にリプレースしますが、もしライが変わってしまった時は、元の状態に復元してからプレースします。

バンカー内のアゴに 球が刺さっている

状況

バンカーの切り立ったアゴに、球が深く刺さっ てしまい、このままではうまく打てそうもない。

1 打罰
or
2 打罰

アンプレヤブルとみなす

解 説

アンプレヤブルとみなした場合は、①前打位置から
打ち直す。②球とホールを結んだ後方線上のバン
カー内にドロップ。③球から2クラブレングス以内で
ホールに近づかないバンカー内にドロップ。または
2打罰の上、バンカー外で、球とピンを結んだバン
カーの後方線上にドロップ。

バンカー内で他のプレーヤーの球を打った

状況

バンカー内に半分めりこんだ球を、自分の球と確認できないまま打ったが、それは他のプレーヤーの球だった。

2打罰　自分の球を打って誤りを訂正する

解説

「誤球のプレー」の違反です。他のプレーヤーの球を打ってしまったことは、誤球のプレーです。2008年のルール改定でバンカーやペナルティーエリア内であっても自分の球かどうか罰なしで球に触れ、確認できるようになりました。その代わりに、誤球をプレーすればジェネラルエリアのプレーの時同様、2打罰となります。

バンカー外にドロップして打った

状況

バンカー内の水たまりから救済を受ける時、球をバンカー横の土手の上にドロップしたがバンカー内に転がり落ちて、そのまま打った。

2 打罰 球が止まった地点から次打をプレー

解説

「誤所からのプレー」の違反です。バンカー内にドロップしなければいけないケースで、バンカーの外にドロップして打つと、たとえドロップした球がバンカー内に転がり落ちて、そこから打ったとしても誤所からのプレーの違反となり、2打罰が科せられます。打つ前に気がついて正しい場所にドロップし直せば罰はありません。

ペナルティーエリア

● ペナルティーエリアには
　2種類ある

● 赤杭と黄杭によって処置が違う

「ウォーターハザード」という
用語が消える

ウォーターハザード初め、砂浜や砂漠地帯、保護壁などが新たに「ペナルティーエリア」と呼ばれることになり、ウォーターハザードという用語はゴルフ規則から消えることになりました。

ペナルティーエリアには、赤色の杭や線で表示されたレッド・ペナルティーエリアと黄色い杭や線で表示されたイエロー・ペナルティーエリアの2種類があります。前者は旧規則のラテラル・ウォーターハザードからの救済措置が受けられ（ただし、対岸のホールから等距離での救済は不可）、後者は旧規則の普通のウォーターハザードからの救済が受けられます。

なお、バンカーとペナルティーエリアが明確に二つの全く異なる区域に分類されたことにより、両区域内にある球をあるがままにプレーする際には、規則は次のような違いがある点に注目です。

- バンカー内では、球の直前・直後の砂にクラブをソールしたり、バックスイング中にクラブヘッドが砂に触れた場合は一般の罰が科せられる。これは旧規則の時と同じ。

- ペナルティーエリア内では、球の直前・直後の地面や水面にクラブをソールしても、またバックスイング中にクラブヘッドが地面や水面に触れても罰は科せられなくなりました。ただし、クラブで球の真後ろの地面を強く押さえつけて球のライを改善（打ち易く）した場合は「球のライの改善」の違反となって一般の罰が科せられることは言うまでもありません。

- 両区域内に自分の球がある時でもその球から離れた所で出たり入ったり歩いている時に、クラブや手を偶然に砂や地面や水面に触れさせても罰は科せられなくなりました。

イエロー・ペナルティーエリア
に球が入った

状況

黄色い杭で表示されている池に球が飛び込んで、池の底に沈んでしまった。

1
打罰

そのまま打った場合は
罰はないが

解　説

ペナルティーエリアに球が入った時には、もし、そのまま打てるのなら打ってもかまいませんが、打てない場合は、1打の罰を加え、前打位置に戻って打ち直すか、ホールと球がペナルティーエリアの縁を最後に越えた地点を結んだ後方線上にドロップして打ちます。

レッド・ペナルティーエリア に球が入った

状況

赤い杭で表示されているレッド・ペナルティーエリアに球が入って底に沈んでしまった。

1
打罰

そのまま打った場合は罰はないが

解　説

144頁の2つの選択肢の他に、球がそのエリアの縁を最後に横切った地点からホールに近づかない2クラブレングス以内にドロップ。なお、2019年からは「対岸のホールから等距離での救済」は禁止されました。

水中の落ち葉を
とり除いて打った

状況

ペナルティーエリアの浅い水中に入った球は、そのまま打てそうだったが、手前にある落ち葉が邪魔なのでとり除いてから打った。

 そのままプレー続行

解　説

ペナルティーエリア内にあるルースインペディメントは、球がそのエリア内にある時でも触れたり、とり除くことができるようになりました。

橋の上の落ち葉を
とり除いて打った

状況

ペナルティーエリア内にかかっている橋の上に
止まった球は、落ち葉にくっついていたので、そ
れをとり除いてから打った。

 そのままプレー続行

解　説

左頁で説明した通り、この場合も2019年から罰は科
せられなくなりました。

147

池の中の球を
確認のために拾い上げた

状況

ペナルティーエリアの池の中に飛び込んだ球を
捜索中に、見つけた球が自分のものかどうか確
認するために拾い上げた。

 元の位置から打つ場合は
リプレースをする

解　説

2008年の改定によって、ペナルティーエリアの中に
ある球を、確認のために拾い上げることは罰なしに出
来るようになりました。

橋の上の球を
ソールして打った

状況

ペナルティーエリア内にある橋の上に止まって
いる球を打つ時、クラブを橋の上につけてアドレ
スして打った。

 そのままプレー続行

解　説

ペナルティーエリアの区域の限界は、垂直に上下に
もおよびます。従って橋の上もペナルティーエリア
内です。なお、2019年からはペナルティーエリア内
では、障害物は旧規則同様に、さらに地面や水にも手
やクラブで触れることが許されます。

 水中の球を
クラブで探した

状況

ペナルティーエリアの池の中に落ちた球を、クラブを水中に入れて探していたら、球に当たり、動いてしまった。

 元の位置から打つ場合は
リプレース

解　説

ペナルティーエリア内で球を捜索する時に、クラブを水中に入れて探すことは許されています。また、その際に球が動いてしまっても罰はありませんが、もし水中からそのまま打つ時には、元の位置にリプレースしなければなりません。

構えたらクラブが 水面に触れた

状況

ペナルティーエリア内の浅い池の中にある球を打とうとして構えたら、クラブが水面に触れてしまった。

 そのままプレー続行

解 説

ペナルティーエリア内に球がある時、2019年からは、そのエリア内の地面や水面に手やクラブを触れても、一切罰は科せられないことになりました。

水中で動いている
球を打った

状況

浅い川のようなペナルティーエリアに入った
球は、流れに押されてゆっくり動いていたが、
そのまま打ってしまった。

 そのままプレー続行

解　説

ペナルティーエリア内の水の中以外の場所では、動い
ている球を打つことは禁止されていますが、ペナル
ティーエリア内の水の中にある球の場合には動いて
いる所を打ってもいいことになっています。ただし、
球が良い位置まで流されるのを待って、プレーを遅延
させてはいけません。

**ペナルティーエリア内の
球が流されてOBに**

流れのあるペナルティーエリアの川に落ちた
球は、どんどん水に流されて、OB区域内に入っ
てしまった。

 前打位置から打ち直す

解　説

川の水の流れでOB区域に止まった球は、前のスト
ロークでOB区域に打ち込んだことになります。した
がって、1打罰の上、前打位置から打ち直さなければ
なりません。

ペナルティーエリア内の草にクラブが触れた

状況

水中にある球を、そのまま打とうとバックスイングを始めたら、水中から生えて先が出ている草にヘッドが触れてしまった。

無罰 そのままプレー続行

解　説

ペナルティーエリア内では、構えた時やテークバックの時に、水面や地面やその中に生えている草や木、障害物やルースインペディメントにクラブが触れても罰はありません。

**グリーンから戻って
手前の池に入った**

状況

グリーンに落下した球は、強いバックスピンがかかって転がり戻って、グリーン手前の池(イエロー・ペナルティーエリア)に入ってしまった。

 **そのまま打ったならば
罰にならないが**

**1
打罰**

解　説

池の中からあるがままに直接打てない場合は、1打罰で、①ホールと球が最後に横切ったペナルティーエリアの縁の地点を結んだ、池の後方線上(池のティーイングエリア側)にドロップするか、②前打位置に戻って打ち直すかの選択となります。

155

グリーンの後方から打った
球がグリーン手前の池に入った

状況

グリーン後方のバンカーから打った球はグリーンを通り越して、グリーン手前のイエローペナルティーエリアの池に転がり込んでしまった。

1
打罰

そのまま打ったなら
罰はないが

解　説

池の中で次打を打てない場合は、1罰打の上、①球が境界線を最後に横切った地点とホールを結んだ、池の後方線上にドロップするか、②バンカー内の前打位置から左右2クラブレングス以内でホールに近づかない所にドロップします。

橋の欄干が邪魔で
打てない

状況

ペナルティーエリア内の池にかかっている橋の
欄干に、球がピタッとくっついて止まっていて、
とても打てそうにない。

1
打罰

そのまま打ったならば
罰はないが

解　説

ルール上、橋や橋の欄干は動かせない障害物ですが、
球がペナルティーエリア内にある時には、動かせない
障害物からの罰なしの救済を受けることができませ
ん。従って、そのまま打てない時は、1打の罰を加え、ペ
ナルティーエリアの規則に従って救済を受けてプ
レ　を続けなければなりません。(144頁参照)

157

パッティンググリーン

- グリーンを大事にしよう
- 全員が心がければグリーンは
いつも好コンディション

いろいろな損傷を
罰なしに修理できることになった

パッティンググリーンに関する規則も2019年から大きく変わりました。

◎「パットの線」という用語がなくなり、代わってグリーン上でも「プレーの線」と呼ばれることになりました。

◎「プレーの線に触れる」…クラブや手や旗竿で触れても罰は科せられなくなりました。

◎「グリーン面の損傷の修理」…旧規則では、グリーンのプレーの線上にある損傷箇所で修理できるのは、「ボールマーク」と「古いホールの埋め跡」だけでした。しかし、2019年からは、これら以外にも次のような損傷も罰なしに修理することが許されます。

- 靴による損傷(例えば、スパイクマーク)[注参照]
- 用具や旗竿が原因で出来た擦り傷や窪み。
- 芝の張り替え跡、張芝の継ぎ目、メンテナンス器具や車両による擦り傷や窪み。
- 動物の足跡、蹄の窪み。
- くい込んでいる物(例えば、石、どんぐりの実、ティーペッグ)。

◎パットした球を旗竿に当てた場合…その時に旗竿がホールに立てられたままの状態でも、またホールからとり除かれてグリーン上やグリーン外に置かれていた場合でも、罰は科せられなくなりました。ただし、だからと言って、ホールのすぐ反対側に旗竿を置いて「ホール止め」として使用し球が当たった場合には一般の罰が科せられます。

◎グリーン上の球が偶然に動いた場合…この場合は一切罰は科せられなくなりました。例えば、パットしようとして構えた時に風や球の自重によって球が動いた場合とかマークする際に球をついうっかり動かしたような場合には、罰は科せられません。動いた球はリプレースしてプレーします。また、ボールマーカーも偶然に(ついうっかり)動かした場合は罰はなく、リプレースします。

[注:「スパイクマークの修理」と称して執拗にプレーの線上をパターでトントンやってホールまでの「通り道」を作った場合は、「プレーの線の改善」の違反となり一般の罰が科せられます]

ボールマークを
クラブで直した

状況

グリーン上の、自分のパッティングライン上にあるボールマークをクラブのヘッドを使って平らに直した。

 そのままプレー続行

解 説

グリーン上の「ボールマーク」と「古いホールの埋め跡」を、グリーンフォークや手、クラブなどで直すことは許されています。またこの他にも2019年からは、スパイクマークや旗竿やその他の用具による傷や窪み、動物の足跡、石やドングリの実がくい込んでいた跡なども修理できるようになりました。

ホールのふちの損傷を
手で直した

状況

グリーン上の、ホールのふちの芝が、前の組の
プレーヤーが手をひっかけたようで、めくれ上
がっていたので、押さえて平らにした。

 そのままプレー続行

解 説

ホールのふちが損傷していてかつ競技委員にすぐに
来て貰えない場合は、罰なしにその損傷を修理する
ことが許されています。

グリーンを手でこすって
芝目を読んだ

状況

グリーン上の芝目がどちら向きかよくわからな
かったので、芝を手でこすって、芝の目の方向を
確かめた。

2
打罰

そのままプレー続行

解説

「グリーン面のテスト」の違反です。ホールアウトする
までは、プレーヤーはそのホールのグリーン面を手や
クラブでこすったり、グリーン上に球を転がしたりし
て、グリーン面のテストをすることは禁止されていま
す。これに違反すると、2打罰が科せられます。

ホール周辺にある
スパイク跡を直した

状況

グリーン上で、自分のパッティングラインからは
ずれていたり、ホールの斜め後方にある、ホール
周辺のスパイク跡を直した。

 そのままプレー続行

解 説

グリーンのプレーの線上にある損傷は、旧規則上は、
ボールマークや古いホールの埋め跡のみの修理が許
されました。しかし、2019年1月1日からはこれらの
他に、スパイクマークや用具や器具によるすり傷や窪
み、動物の足跡、芝の張り替え跡や継ぎ目なども修理
が許されるようになりました。

163

タオルで落ち葉を
払い除けた

状況

自分のパットの線上にあった落ち葉を、ルース
インペディメントとして、手に持っていたタオル
で払い除けた。

 そのままプレー続行

解　説

グリーン上の落ち葉や枯れ枝・小石などのルースイン
ペディメントは、何も押さえつけなければ、どのような
方法でとり除いてもかまいません。

プレーの線上の露を
手で払い除けた

状況

ホイ!

グリーン上の芝には、早朝のラウンドだったので露が降りていたが、プレーの線上の露を手で払い除けてからパットした。

そのままプレー続行

解 説

「グリーン上のプレーの線の改善」の違反です。グリーンのプレーの線上にある霜や露はとり除くことができません。ルール上、霜や露はルースインペディメントではありません。

球をキャディーに
転がして渡した

状況

グリーン上でマークして拾い上げた球を、キャディーに拭いてもらうために、投げると危ないのでグリーン上を転がして渡した。

 リプレースしてプレー続行

解　説

グリーン面をテストする意図があって球をグリーン上に転がした場合は「グリーン面のテスト」の違反により2打罰が科せられます。しかしその意図がないこの場合は罰はありません。

マークする時
球が動いた

状況

グリーンにオンして止まっている球を、拾い上げるためにマークしている際中に、あやまって球を動かしてしまった。

 元の位置にリプレース

解 説

マークする時に球が動いてしまった時は、罰はなく、球を元の位置にリプレースしてからマークし直します。また、マークして球を拾い上げる時にボールマーカーが動いてしまった時も同様に罰はなく、ボールマーカーをリプレースします。

167

落ち葉をとり除いたら
球が動いた

状況

グリーン上にある球にくっついている落ち葉を
とり除こうとしたら、球が動いてしまった。

 元の位置にリプレース

解　説

グリーン上のルースインペディメントをとり除いて
いる時に球が動いてしまった場合には、罰なしに動い
てしまった球を元の位置にリプレースします。なお、
グリーン以外の場所でルースインペディメントをと
り除いて球が動いた場合は1打罰を受け、動いた球は
リプレースしなければなりません。

**突風で球が
ホールに入った**

状況

グリーンにオンして止まった球が、強い風に押
されて動き出し、コロコロ転がってホールに
入ってしまった。

 最後のストロークで
ホールインしたことになる

解　説

グリーンにオンして止まった球が局外者ではない風
によって動かされた場合には、その球が止まった所か
ら罰なしに次のプレーを行わなければなりませんが、
その球がホールに入ってしまった場合には、最後に
行ったストロークでホールに入ったことになります。

169

·構えたら
突風で球が動いた

状況

グリーン上で、拾い上げてリプレースした球を打つために構えた時、突風がふいてきて、球が動いてしまった。

 球をリプレースして
次打をプレー

解　説

拾い上げてリプレースした球が構えた後突風によって動かされた時は罰はなく、動いた球はリプレースしなければなりません。なお、拾い上げてリプレースしていない球が動かされた場合は、罰なしに止まった所からプレーします。

**ふちにかかった球が
11秒以上待ってたら落ちた**

状況

パットした球は、ホールのふちギリギリにかかって今にも入りそうだったので待っていたら、11秒以上たってから自然にホールに落ちた。

1
打罰

最後のストロークで
ホールインとなる

解 説

球の一部がホールのふちにかかっている場合には、その球が止まっているかどうかを確認するためにホールに歩み寄ってから10秒間待つことが許されていますが、それ以上たってからホールに落ちた場合には、1打罰で最後に行ったストロークでホールに入ったことになります。

171

ホールに立てたままの
旗竿に球が当たった

状況

ホールから遠くはなれて止まっているグリーン
上の球をロングパットしたら、ホールに立てたま
まだった旗竿に球が当たった。

 球が止まった地点
から次打をプレー

解　説

グリーン上でパットした球がホールに立てたままの
旗竿に当たっても、無罰となりました。当たった球が
止まった地点から次のパットを行いますが、もし当
たった球がホールに入った場合には、最後のストロー
クでのホールインが認められます。

グリーン外に置いた
旗竿に球が当たった

状況

グリーン上からパットした球は、ホールを通り越す大オーバーで、グリーンの外に自分のキャディーが置いた旗竿に当たった。

 球が止まった地点
から次打をプレー

解 説

打った球がホールからとり除いて置いてある旗竿に当たっても、無罰となりました。また、球が当たる前にその旗竿をとり除いても罰はありません。

グリーンのカラーに置いてあった自分のクラブに
パットした球が偶然に当たった

状況

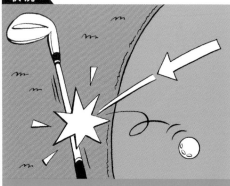

高速のグリーン上でダウンヒルのパットを打った
ところ、球は転がり続けてグリーンを出てカラーに
置いてあったクラブに当たってしまった。

無罰 球が止まった地点
から次打をプレー

解 説

グリーンから打った球がプレーヤー自身やキャ
ディーや用具類に偶然に当たってしまった場合は罰
はなく、その球は止まった所からあるがままにプレー
しなければなりません。

パッティングした球が
他の球に当たった

状況

コン!

マークして拾い上げられずにグリーン上にあっ
た他のプレーヤーの球に、グリーン上でパットし
た球が当たってしまった。

2 打罰 球が止まった地点
から次打をプレー

解 説

グリーン上にある他の球に、グリーン上でパットした
球を当ててしまうと、2打罰となります。当てられて動
かされた球は元の位置にリプレースして、当てた球は
止まった位置から、それぞれ次のプレーを行います。

アプローチショットが
グリーン上の球に当たった

状況

グリーンの外からアプローチショットを打った
ら、グリーン上にあった他のプレーヤーの球に
打った球が当たってしまった。

球が止まった地点
から次打をプレー

解　説

グリーン外から打った球が他の球に当たっても、罰は
ありません。当てられた球が動いてしまった時には、元
の位置にリプレースし、当てた方の球は、止まっている
地点から次のプレーをします。

他のプレーヤーの球が 止まらないうちにパットした

状況

エイッ

他のプレーヤーがパットした球が止まらないうちに、ホールの近くで自分の球を打った。

 無罰 そのままプレー続行

解説

旧規則ではこのケースの場合、自分には2打罰が科せられました。しかし、2019年からは「無罰」となりました。ただし、他のプレーヤーには迷惑をかけることのないように注意しましょう。

旗竿を引き抜いたら
球が飛び出た

状況

チップショットでホールと旗竿の間に挟まっている球をとるために、旗竿を引き抜いたら、球がホールから飛び出してしまった。

 チップインが認められる

解　説

2019年からホールアウトは、球の一部がホールのふちのグリーン面よりも下に沈んで完全に停止した時点で認められることになりました。従って、その後、旗竿を引き抜いた時に球がホールから飛び出してしまっても関係なく、チップインした時のストロークでホールアウトしたことになります。(179頁参照)

旗竿に寄りかかって
球が止まっている

状 況

グリーンの外からチップショットした球は、ホールのふちと旗竿にはさまって半分顔を出して止まっている。

 2019年からはこのような球は
ホールインとみなされる

解 説

球がホールに立てられたままの旗竿に寄りかかって止まっている場合、①球の一部がグリーン面より下にあればホールインした球、②球全体がグリーン面よりも上にある時はまだホールインしたことにならない、となります。

179

パッティングラインの後方線上を またいで打った

状況

ライン！

他のプレーヤーのラインを踏むのを避けるため、グリーン上の球の後方で、両足を開いてパッティングラインをまたぎ、パットした。

 そのままプレー続行

解説

偶然にこのようなスタンスをとった場合や、別のプレーヤーのプレーの線を踏むのを避けるためであった場合は、旧規則通り罰は受けません。なお、2019年からは、「パットの線」という用語に代わって「プレーの線」が使われることになりました。

**ホールの反対側から
かき寄せて入れた**

状況

グイッ…

ホールの近くにある球を、ホールの反対側に
立って、クラブフェースでズルズルかき寄せるよ
うにしてホールに入れた。

2
打罰

そのままホールアウト

解説

「球を正しく打たなかった」の違反です。球はクラブ
ヘッドで正しく打たなければならず、かき寄せ、押し出
し、すくい上げは禁止されています。これに違反すると
2打罰となります。またパターでビリヤードのような打
ち方をしても違反となります。ただし、このスタンスで
パチンと正しく打った場合は罰はありません。

旗竿を片手で持ったまま
パッティングした

状況

グリーン上のホールのすぐそばにある球を、抜いた旗竿を片手で持ったまま打って、ホールに入れた。

無罰　そのままホールアウト

解　説

旗竿を手に持ったままパッティングを行っても、特に問題はありません。従ってこの場合は無罰でホールアウトとなります。ただし、旗竿の先端をグリーン面に付けて寄りかかってパットをした場合は2打罰を受けます。

カサをキャディーに
さしてもらったまま打った

状況

コン!

雨の日にグリーン上で、ラインを読む時キャディーにカサをしてもらっていたが、うっかりそのままの状態でパットをしてしまった。

2
打罰

そのままプレー続行

解 説

「気象条件からの保護を受けた」の違反です。プレーヤーがストロークを行っている時には、風や雨を初めとする自然の力からの保護や物理的援助を受けてはいけないことになっており、この場合は、雨から防いでもらったので違反となり、2打罰が科せられます。

183

他のプレーヤーがパッティング中に
球を拾い上げた

状況

グリーン上で他のプレーヤーがパットした球が
まだ動いているうちに、自分の球をマークして
拾い上げた。

 マークした所に
リプレース

解　説

他の球が動いている時に、自分の球を、拭くためや置き
直すためにマークして拾い上げても、罰は受けません。

旗竿の先端をグリーン面に
触れてラインを示してもらった

状況

グリーン上で自分のパッティングラインをキャ
ディーに旗竿で指示してもらってから、球を打っ
た。

 そのままプレー続行

解 説

2019年1月1日から、パットする前、キャディーに旗
竿や手をグリーン面に触れさせてラインを示しても
らうことができるようになりました。

球が入りそうになったので
キャディーが旗竿を抜いた

状況

パッティングした球がホールに入りそうだったので、付き添っていなかったキャディーがかけ寄って、あわてて旗竿を抜いた。

2打罰　そのままプレー続行

解　説

旗竿をホールに残しておいてストロークを行った後で、動いている球が止まるかもしれない場所に影響を及ぼすように旗竿を故意に動かしたり、とり除くことはできません（例えば、その球が旗竿に当たらないようにするために）。

他のプレーヤーの球が入りそうになったので旗竿を抜いた

状況

他のプレーヤーがグリーン上からパットした球が、立てたままの旗竿に当たりそうなので、かけ寄って、抜いてあげた。

抜いたプレーヤーが

2打罰　そのままプレー続行

解　説

プレーヤーがパッティングを始めてから球が止まるまでの間は、その球の動きに影響を及ぼすかも知れないので旗竿を抜いたりすると違反となり、親切心でも旗竿を抜いたプレーヤーは2打罰となります。ただしカップを通りすぎたり、全然違う方向に球が行ってしまったり、球が止まった時は旗竿をとり除いても罰はありません。

グリーンのプレーの線上に水たまりが

状況

プレーの線上に水たまりがあり、球をパットしても止まってしまいそうだ。

 一時的な水からの救済を受ける

解　説

球がグリーン上にあり、球が水たまりの中にあるか、スタンスが水たまりに入るか、プレーの線上に水たまりがある場合には、その障害をさけられる最も近い場所で、カップに近づかないバンカーやペナルティーエリア以外の所に球をプレースします。たとえ、救済場所がグリーンの外でもプレースです。

旗にからまって
球が落ちてこない

状況

グリーン上のホールに立っている旗竿の旗に
当たった球が、からまった旗につつまれてしま
い、下に落ちてこなくなった。

 ホールのふちにプレース

解 説

旗から球が落ちてこない時には、旗は動かせる障害
物なので、罰なしに救済が受けられます。ルール上は
真下の地点にプレースですがホールの中にプレース
することは許されないので、公正の理念に従って
ホールのふちにプレースします。

カラーにマークして
球を拾い上げた

状況

グリーンとカラーの境目のグリーン上にある
球を、カラーの上にマークして拾い上げた。

 そのままプレー続行

解 説

球がグリーンに触れていれば、球を拾い上げることが
できますが、その際マークをグリーンの外にしてもか
まいません。なお、ルールでは、球を拾い上げる時は、
ボールマーカーを球の真後ろに置くように勧められ
ています。

別の球を
プレースしてパット

状況

正しい
ボール

グリーン上の球をマークして拾い上げた後、うっかり、ポケットの中にあった別の球をプレースしてパットしてしまった。

1
打罰

とり替えた球で
プレー続行

解 説

球をリプレースする場合は、元の球を使用しなければなりません。これまで別の球にとり替えてパットすると2打罰でしたが、2023年からは1打罰に罰が軽減されました。もし、打つ前に気がついて、正しい球に戻せば、罰はつきません。

191

他のプレーヤーのマークと間違えて
リプレースして打った

状況

自分のボールマーカーのそばにあった他のプレーヤーのボールマーカーの前に、間違えて球をリプレースしてパットしてしまった。

2打罰　球が止まった地点
から次打をプレー

解　説

他のプレーヤーのボールマーカーの前にリプレースして球を打つと、「誤所からのプレー」の違反となり、2打罰が科せられます。この場合、次のプレーは球が止まった所から行います。あわてて球を拾い上げ、自分のボールマーカーの前から打ち直したりするとさらに2打罰が科せられます。

ずらしたボールマーカーを
戻さずに打った

状況

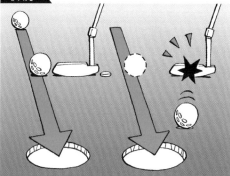

他のプレーヤーのライン上にあった球を、横に
パターヘッド1つ分ずらしてマークしたが、リプ
レースする時に戻すのをわすれてしまった。

2
打罰

球が止まった地点
から次打をプレー

解 説

球の位置をずらしてマークした時に、戻すのをわすれ
てリプレースして打ってしまうと、「誤所からのプ
レー」の違反となり、2打罰を受けます。この場合、正し
い位置からの打ち直しをせずに、誤所から打った球は
止まった所からプレーを続けます。

 マークしたコインを
動かしてしまった

状況

グリーン上の球をマークして拾い上げた後で、
自分のボールマーカーを誤って蹴って、動かし
てしまった。

 ボールマーカーを
リプレースする

解　説

2019年からは、グリーン上にあるボールマーカーや
球を偶然に（ついうっかりを含む）動かしてしまっ
た場合、罰は科せられなくなりました。

球についた泥を
芝でこすりとった

状況

マークして拾い上げた球をグリーン面にこすり
付けて付着している泥をとった。

 そのままプレー続行

解 説

グリーン面の芝をこすったり、球を転がしたりして、
グリーン面のテストをすると2打罰を受けますが、プ
レーヤーにその意図がなければ罰はありません。しか
し、テストとまぎらわしい行為なので、球をグリーン
面にこすりつけてきれいにするのはさけましょう。

195

 グリーン上の
プレーの線に触れた

状況

グリーン上のプレーの線上でパターで素振りし
ていてパターヘッドをグリーン面に触れさせた。

 プレーの線を
改善しない限り無罰

解 説

2019年からは、「パットの線」は「プレーの線」で統一
されることになりました。これに伴い、グリーン上のプ
レーの線には手やクラブや旗竿で触れても罰は科せ
られなくなりました。ただし、「プレーの線を改善」す
ると一般の罰が科せられるので、注意しましょう。

グリーンのプレーの
線上に通り道を作った

状況

プレーの線上でしきりにパターでトントンやって「通り道」を作った。

2 **打罰** 「プレーの線の改善」の違反となる

解説

2019年からは、グリーン上のプレーの線に手やクラブや旗竿を触れても罰は科せられなくなりましたが、それをいいことに執拗にパターでトントンやって球からホールまでの間に窪みのある「通り道」を作った場合は、「プレーの線の改善」の違反となり一般の罰が科せられます。

ボールマーカーを
落として球を動かした

状況

ボールマーカーを球の上に落として球を動か
した。

 動いた球を
リプレースしてプレー

解　説

2019年からは、グリーン上では、球が偶然に(ついうっ
かりも含まれる)動かされた場合は、罰はなく、動いた
球はリプレースします。例えば、ボールマーカーやパ
ターを球の上に落として球を動かした場合、また球に
近寄る際に勇み足して靴先で球を蹴って動かしてし
まったような場合は、いずれも罰は科せられません。

靴先でマークして
球を拾い上げた

状況

リプレース！

ショートパットの前、靴先でマークして球を拾い
上げ、リプレースしてパットした。

1
打罰

靴先でマークするのは違反

解 説

球の位置のマークは、ボールマーカーやコインなどの
小物類か、さもなくばクラブの先で行わなければなり
ません。これら以外の物でマークした場合は、「間違っ
た方法でマークして球を拾い上げた」の違反となり
ます。

199

最終ホールで
ホールアウトの不履行

状況

最終ホールのグリーン上でついショートパットをして
ホールアウトするのを忘れてグリーンを離れたが、他
のプレーヤーに注意されすぐ戻ってパットアウトした。

無罰　「ホールアウトの不履行」の誤りの
　　　　訂正に間に合ったので罰はない

解　説

最終ホールでホールアウトをし損なった場合、誤りの
訂正の期限が変わりました。旧規則では、最終ホール
でホールアウトせずにそのグリーンを離れたら「競技
失格」でした。しかし、2019年からは、「スコアカード
を提出する前までに」誤りの訂正をしたならば、「無
罰」となりました。

素振りで動かしてホールに
近づけた球を打った

状況

素振りしていて動かした球がホールの方向へ1
メートル以上転がって止まったが、リプレース
しないでパットしラウンドを終えた。

競技
失格

「誤所からのプレー」の
重大な違反

解 説

2019年からは素振りで球を動かしてもリプレース
すれば「無罰」となりました。しかし、その時動かした
球がホールに1メートル以上も近づいた所まで転
がって行って止まったのに、リプレースしないでプ
レーを続けた場合は、「誤所からのプレー」の重大な違
反です。誤りを訂正しないと「競技失格」となります。

クラブ・アドバイス・他

● 「アドバイス」は、与えた、
または求めた瞬間に2打罰の
違反となる

ラウンド中に損傷したクラブを使い続けてもよいことになった

　ラウンド中に損傷したクラブは、その損傷の原因がいかなるものであれ、そのラウンドの残りの部分で使い続けることができるように改定されました。従って、腹を立てて叩きつけてシャフトが曲がったようなクラブでも、そのラウンドの残りの部分に限り引き続き使用できることになりました。

アドバイスが許されているのは自分の味方だけ

　プレーヤーは正規のラウンド中、次の行為は禁じられています。

(a)自分のパートナーを除き、そのコースで同じ競技に参加している人にアドバイスを与えること。

(b)自分のキャディー、パートナー、パートナーのキャディー以外の人にアドバイスを求めること。

　ちなみに「アドバイス」とは、プレーヤーの(a)プレー上の決断、(b)クラブ選択の決断、(c)ストロークの方法を決断する際に影響を与えるような助言や示唆のことです。

　なお、「パートナー」とは団体戦における自分の味方のプレーヤーのことです。

　また、2008年の改定により、距離に関する情報の交換はプレーヤー間で出来ることが明文化され、距離についての情報交換はアドバイスと見なされないことが明確になりました。

クラブの本数超過を
5ホール目で知った

状況

5ホール目まで来た時、自分のバッグの中にクラブが16本入っていて、規定の14本よりも2本も超過しているのに気がついた。

4
打罰

2打罰×違反ホール数
ただし最高4打まで

解　説

クラブの超過に気がついた時点で、ただちに超過クラブの不使用宣言をしなければ競技失格となります。そして、超過したクラブが何本でも、気がつくまでの違反した各ホールにつき2打罰が科せられます。ただし、1ラウンドにつき最高は4打罰までです。

**ドライバーが折れたので
他のプレーヤーに借りた**

状況

前のホールのティーショットで、ドライバーを
折ってしまったので、他のプレーヤーが使用して
いるドライバーを借りて打った。

2
打罰

他のプレーヤーのプレー用の
クラブは使用不可

解　説

プレーヤーの使用クラブは、そのラウンドのために
スタート時点で選んだクラブに限られています。通常
のプレーでクラブが使用不能となってしまった時や、
14本未満しか携帯していない時には、別のクラブに
とり替えたり補充したりすることができますが、他
のプレーヤーから借りることは、禁止されています。

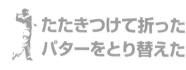

たたきつけて折った パターをとり替えた

状況

パットをミスしてカッとなり、ホールアウト後に
パターを地面にたたきつけたら折れてしまったので、別のパターととり替えてプレーを続けた。

競技 失格 通常のプレー以外の破損の
クラブのとり替えは不可

解 説

プレーヤーが損傷の原因となっていない場合の損傷クラブは、他のどんなクラブとでもとり替えが許されています。しかし、このプレーヤーのケースのように腹を立てて故意に損傷させたクラブは、他のクラブととり替えることはできません。ただし、2019年からはそのラウンドの残りの部分で使い続けることはできるようになりました。

206

使用クラブの番手を
たずねた

状況

前に打った他のプレーヤーに使用したクラブの
番手を、「何番で打ったの？」と聞いたら、「7番だ
よ」と教えてくれた。

2
打罰

聞いた人、教えた人
どちらも2打罰

解　説

他のプレーヤーに使用したクラブを聞いたり、教えた
りすることは、他のプレーヤーへのアドバイスを禁止
したルールの、「クラブの選択」に影響を与える助言と
なりますので、聞いた人は「アドバイスを求めた」、また
教えた人は「アドバイスを与えた」の違反となります。

ペナルティーエリアや
旗竿の位置を聞いた

状況

見通しの悪いホールで、コースのレイアウトがよくわからないので、他のプレーヤーにペナルティーエリアや、旗竿などの位置を聞いた。

 コースのレイアウトは
「公知の事実」

解　説

ルール上、ペナルティーエリアや旗竿の位置などコースレイアウトの情報は「公知の事実」とされており、この公知の事実についてたずねることや教えることは、ルールで禁止されているアドバイスにはなりません。

ミスショットの原因を
他のプレーヤーに聞いた

状況

自分の球を打ったら、ひどいミスショットだったので、近くで見ていた他のプレーヤーにミスの原因をたずねた。

2
打罰

聞いた人、教えた人
どちらも2打罰

解 説

プレーヤーと他のプレーヤーの間でスイングについてアドバイスを求めたり与えたりすることは、ストロークの方法を決断する際に影響を与えるアドバイスの違反となります。たずねた人は「アドバイスを求めた」の違反、一方答えた人は「アドバイスを与えた」の違反です。

他のプレーヤーが一方的に
アドバイスした

状況

ウ〜…

前のミスショットの原因となったスイングの欠点
を、他のプレーヤーが、聞きもしないのに、一方
的に教えてくれた。

他のプレーヤーが
2
打罰

教えた他のプレーヤーが
「アドバイスを与えた」の違反

解　説

アドバイスを求めていないのに、一方的に他のプレー
ヤーがルールで禁止されているアドバイスを与えた
時には、アドバイスを受けた人には罰はありません。し
かし、一方的にアドバイスを行った他のプレーヤーは
2打罰を受けます。

ホールまでの距離を
他のプレーヤーに聞いた

状況

フェアウェイに止まっている自分の球からグリーン上のホールまでの距離がよくわからなかったので、他のプレーヤーに教えてもらった。

 聞いた人、教えた人
どちらも無罰

解　説

距離表示の杭やその示す距離、ホール全体の距離などはルール上「公知の事実」であり、他のプレーヤーに聞くことができます。しかし、自分の球からホールまでの距離を聞くことは、かつてはアドバイスを求めたの違反とされていましたが、2008年の改定で「距離についての情報はアドバイスではない」となりました。

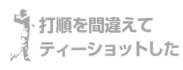

打順を間違えて
ティーショットした

状況

前のホールのスコアは、自分はボギーで他の3人はパーだったが、かんちがいして、1番目に打ってしまった。

 そのままプレー続行

解　説

ティーショットは、最初のホールはくじなどで決め、次のホールからは前のホールのスコアのいい人から順に打ちます。打順を間違えたとしても問題はありません。ただし、意図的に誰かを有利にするために順番を替えることは禁じられています。もしこの反則をすると、その関係者全員が競技失格となります。

ホールの近くにある
球を先に打った

状況

グリーン上にある他のプレーヤーの球より、ホールからずっと近いグリーンのまわりのラフにあった自分の球を、先に打ってしまった。

 そのままプレー続行

解　説

ティーイングエリア以外の場所でプレーする順番は、球がグリーン上にあるかないかにかかわらず、常にホールから最も遠い人から順番にプレーします。また2019年からは、他のプレーヤーに迷惑にならない範囲で「プレーの準備が出来た人から先に打ってよい」レディーゴルフ(Ready Golf)が推奨されています。

ティーイングエリア上で
パットの練習をした

状況

ヨ～ン!

前の組がまだフェアウェイにいたので、待っている間に、ティーイングエリア上でパットの練習をした。

無罰 例外的に許されている

解　説

ストロークプレーでは、ラウンド前やラウンド中の練習は禁止ですが、例外として、プレーを終えたばかりのホールのグリーン上や練習グリーン上、次のホールのティーイングエリア上とこれらの周辺でのパッティングとチッピングの練習は許されています。

バンカー内で ショットの練習をした

状況

ホールアウトしたばかりのグリーンの後ろに
あったバンカー内に球を置いて、バンカーショッ
トの練習をした。

2 打罰

次のホールのスコアに
2打追加する

解 説

ホールアウトしたグリーン上やその周辺でパッティング
やチッピングの練習は許されていますが、バンカー内で
の練習は、一切禁止されています。なお現にプレーして
いるホールでは、一切の練習が禁止されています。[注.
競技によっては、競技の条件でパッティンググリーン上
やその近くでの練習を禁止していることがあります]

松かさで
練習ショットをした

状況

1つのホールをプレー中に、ラフに落ちていた
松かさを球に見立てて、ショットの練習をした。

 無罰　松かさは球ではないので
「練習」の違反にはならない

解　説

1つのホールのプレー中に練習ストロークをすること
は禁止されていますが、落ちている松かさを打つこ
とは練習ストロークにはなりません。なぜなら松かさ
は球ではないからです。なお、プラスティックの球で練
習した場合は2打罰の違反となります。

ラウンド中数個の球を
カイロで温めて使った

状況

ホッカホカ！

冬のラウンド中、ポケットに入れておいた携帯用のカイロで球を温めてから、ティー・ショットを打った。

競技
失格

「故意に性能を変えた球の使用」の違反

解　説

「故意に性能を変えた球をプレーした」の違反により競技失格の罰を受けます。スタートする前に人為的に温めておいた球を使うことは問題ありませんが、スタート後（即ち正規のラウンド中）は禁止されています。

グリップにハンカチを 巻いて打った

状況

雨の日のラウンド中、濡れたグリップがすべって困ったので、持っていたハンカチをグリップに巻いて打った。

他に手袋やガーゼ、タオル、松脂もOK

解　説

ルールではクラブを握る上で、プレーヤーの援助となるようなものを手やグリップにつけることが禁止されています。しかし例外として、普通の手袋をすることやグリップにガーゼやタオル、ハンカチを普通に巻いて使うこと、松脂をつけることは認められています。

打数を実際より 多く書いてしまった

状況

1つのホールの打数を、4打だった所を5打と、実際より1打多く記入してスコアカードを提出してしまった。

 無罰 提出した打数が そのまま有効となる

解 説

あるホールのスコアが間違っていた場合、記入したスコアが実際より少なかった場合には「過小申告」により、競技失格となりますが、記入したスコアが実際より多かった場合には、そのまま多く申告したスコアが有効となります。なお、スコアの合計の計算を間違えても罰は受けません。

用語の意味と方法・マナー

- プレーに適さないクラブとは？
- 球の確認をおろそかにしない

用語の意味を正しく理解しよう

　ゴルフ規則の条文を正確に理解・把握する上で、最も重要なことは、その中で使われているゴルフ用語の意味を正確に知っておくことが必要不可欠です。

　言い換えれば、ゴルフ用語の意味を正確に解することができないゴルファーは、その用語が使われている条文を正確に解釈することはできません。

　ゴルフ規則は正しいゴルフのプレーの仕方を説いているものですが、同時に、間違ったことをした場合には、一部の例外を除き、罰を受ける、と書かれています。

　従って、まず「ゴルフ用語」をしっかりと学び、それから条文を学ぶようにしましょう。

アンプレヤブル

「アンプレヤブル」とは、"プレーできない"という意味です。球がペナルティーエリアの外に止まっていてプレーできないと思う場合は、アンプレヤブルとみなし、1打の罰を加えて処置することができます。[注参照]

■「アンプレヤブル」の処置法

下記の4つの方法から選択します。

① 球のあった地点から2クラブレングス以内で、ホールに近づかない所にドロップする。(バンカー内に球がある場合は、バンカー内にドロップする)

② 球とホールを結んだ、球の後方延長線上にドロップする。(バンカー内に球がある場合は、バンカー内にドロップする)

③ 前打位置に戻って、そこにできるだけ近い所に@〜©の方法で球を置く。

@ ティーイングエリアの場合は、ティーイングエリア内にプレース。(ティーアップも可)

⑥ ジェネラルエリアおよびバンカーの場合は、その位置にドロップ。

© グリーン上の場合は、その位置にプレース。

④ さらに1打罰を加えて球とホールを結んだ後方延長線(バンカーの外)にドロップする(2019年から適用)。

なお、「アンプレヤブル」として拾い上げた球は、拭くことができるほか、別の球にとり替えることもできます。
[注、球がペナルティーエリア内にあって打てない場合は、ペナルティーエリアの規則17に従って救済の処置をとります]

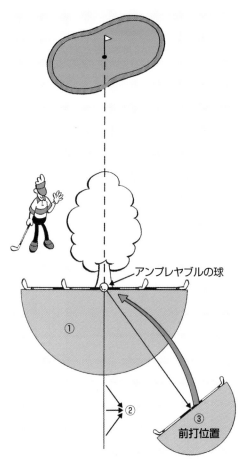

アンプレヤブルの球

① ② ③ 前打位置

本書P15の「規則19.2b後方線上の救済の救済エリア」の説明並びにJGAルールブックP184〜185の図解を参照してください。

用語　**アウトオブバウンズ(OB)**

プレーが禁止されている地域のことを「アウトオブバ
ウンズ(以下OB)」と呼びます。このOBに球が入って
しまった時は、1打罰が科せられます。通常は、白杭や
柵によって境界が定められていて、隣接する2本の杭
または柵柱の、コース側の地表の2点を結んだ線上か
ら球が完全にOB区域側に出ている時に、OBとなり
ます。

また、OBの線は、垂直に上下に及ぶので、たとえ木の
枝にひっかかっている球でも、OB線の垂直上方より
外に出ていれば、OBとなります。球がOBになってし
まった時は、前打位置に戻って打ち直します。アウト
オブバウンズにある球をストロークすると「誤球のプ
レー」の違反となります。

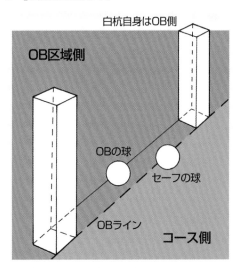

白杭自身はOB側

OB区域側

OBの球

セーフの球

OBライン

コース側

用語 **一般の罰**

マッチプレーでは、そのホールの負けの罰、ストロークプレーでは2打罰を「一般の罰」と言います。

用語 **インプレーの球**

球はプレーヤーがティーイングエリア上でストロークしたら「インプレーの球」となります。その球は、下記の(a)から(d)のいずれにも該当しなければ、ホールに入れるまでインプレーの状態が続きます。

(a)球を紛失した場合

(b)球がOBとなった場合

(c)球が拾い上げられた場合[注参照]

(d)球のとり替えが許されているかどうかにかかわらず、別の球にとり替えられた場合。この場合には、とり替えられた球がインプレーの球となります。

[注、インプレーの球は拾い上げられた時にアウトオブプレーの球(プレー外の球)となり、プレース、リプレース、ドロップ後に再びインプレーの球となります]

インプレーの球が別の球にとり替えられた時は、そのとり替えられた球がインプレーの球になります。この時、ルール上とり替えが許されている球の場合は、当然罰はつきませんが、もしルールで許されていないのにとり替えてしまった時は2打罰が科せられます。

たとえば、グリーンにオンさせた球が汚れていたので、別のきれいな球にとり替えてプレーをした場合には2打罰を受けます。

用語 **一時的な水**

2019年から、「カジュアルウォーター」は「一時的な水」と呼ばれることになりました。

コース上に、雨が降ったり水が湧いたりして、プレーヤーがスタンスをとる前から、またはスタンスをとった後に一時的に見える水たまりのことを「一時的な水」と呼びます。この「一時的な水」の中に球またはスタンスが入った場合には罰なしに異常なコース状態からの救済が受けられます。なお、露と霜は「一時的な水」ではありません。

■一時的な水からの救済法

Ⓐジェネラルエリアに球がある場合。
　①ホールに近づかずに、障害を避けられる、バンカーとペナルティーエリアとグリーン外の場所で、球から最も近い地点（完全な救済のニヤレストポイント）を決める。
　②そこから、1クラブレングス以内で、①の条件にあてはまる区域内にドロップする。

Ⓑバンカー内に球がある場合。
　そのバンカー内に完全な救済のニヤレストポイントを決め、その地点から1クラブレングス以内でホールに近づかないバンカー内にドロップする。
　もし、バンカー内が水浸しでドロップする場所がない場合には、ホールと球を結んだ、球の後方延長線上のバンカー外にドロップできますが、この場合には、1打罰となります。

　グリーン上に球がある場合。
　ホールに近づかずに、障害を避けられるバンカーとペナルティーエリア以外の場所で球から最も近い地点（完全な救済のニヤレストポイント）にプレースします。

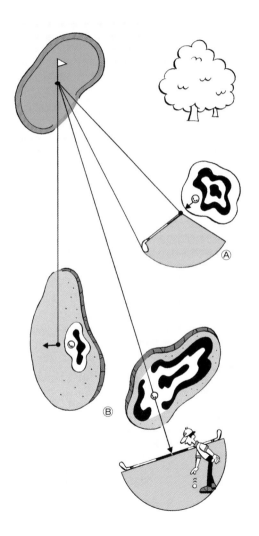

用語 ▶ **暫定球（ざんていきゅう）**

球をペナルティーエリア以外の場所で紛失したかもしれない場合や、OBであるかもしれない場合には、プレーヤーは時間節約のため、暫定的に別の球を打っておくことができ、この暫定的に打っておく球のことを「暫定球」といいます。

もし、最初に打った球が紛失したりOBだった場合には1打罰を加え、この「暫定球」でプレーを続けます。また、紛失していなかったりOBではなかった場合には、暫定球を放棄して最初の球でプレーしなければなりません。〔注参照〕

「暫定球」を打つ時には、プレーヤーは他のプレーヤーかマーカーに「暫定球を打つ」と「暫定球プレー宣言」をしなければなりません。暫定球プレー宣言を怠って別の球をプレーした場合は、その別の球がインプレーの球となります。

〔注.放棄しなければならなくなった暫定球をストロークすると「誤球のプレー」の違反となります。〕

用語 修理地

「修理地」とは、コース内の次の場所のことです。
●委員会の指示により修理地の表示がしてある場所
●委員会から権限を与えられている人（例：競技委員）
　によって修理地と宣言された場所
一般的には、青杭か白線で標示されており、この杭と白線は「修理地」に含まれます。この「修理地」の区域内の木の枝の上の球は、「修理地」に生育しているものはすべて「修理地」の一部と考えられるので救済が受けられます。また、標示がなくても、他に移すために積み上げられている物やグリーンキーパーが作った穴も「修理地」となります。ただし、コース上に残された刈草や動かす意思なく放置されている物は、「修理地」とはなりません。
この「修理地」に球かスタンスが入った場合には、罰なしに異常なコース状態からの救済を受け、球を移動することができます。（救済の受け方は、『一時的な水』（226頁）の方法と同じです。）

用語 ジェネラルエリア

コース内の下記の4区域を除いた、すべての場所を、「ジェネラルエリア」といいます。
①プレーしているホールのティーイングエリア。
②プレーしているホールのパッティンググリーン。
③コース内のすべてのペナルティーエリア。
④コース内のすべてのバンカー。
つまり、すべてのフェアウェイ、ラフと、現にプレーしているホール以外のティーイングエリアやグリーンおよびグリーンのカラーなどはすべて「ジェネラルエリア」となるわけです。

229

ドロップ

2019年1月1日からは、ドロップに関する規則が大きく変わりましたので、順序立てて説明します。

■ドロップする人

球のドロップはプレーヤー自身が行わなければなりません。プレーヤーのキャディーやそれ以外の人はできません。これは旧規則と全く同じです。

■ドロップの方法

球は膝の高さからプレーヤーや用具に触れないように真下にドロップします。プレーヤーは次の要件を満たすように、球を膝の高さから放さなければなりません。

● プレーヤーが投げたり、回転を掛けたり、転がしたりせず、または球が止まることになる場所に影響を及ぼす可能性のあるその他の動きをせず、球が真下に落下する。

● 球が地面に落ちる前に、プレーヤーの体や用具に触れない。

「膝の高さ」とは、真っ直ぐに立った時のプレーヤーの膝の高さのことです。

なお、プレーヤーは必ず立ったまま球をドロップしなければならないわけではありません。腰を落として膝の高さからドロップしてもOKです。

■ドロップする場所

球は①1クラブレングス以内か②2クラブレングス以内のいずれかの救済エリア内にドロップします。救済エリアの外側に球が落ちた場合は、ドロップをやり直します。

■ドロップする球の種類

いかなる救済のドロップをする場合でも、プレーヤーは元の球、別の球、どちらかを使うことができる

ようになりました。旧規則では、無罰のドロップの場合は別の球にとり替えることは許されませんでした。しかし、新規則では、無罰の時も1打罰の時も関係なく、元の球か別の球かどちらかの球を使ってドロップしてよいことになりました。

■ドロップした球のプレー

ドロップした球は、必ず救済エリア内からプレーしなければなりません。

■ドロップ・再ドロップ・プレースの処置

ドロップした球が救済エリアの外に止まった場合は、再ドロップしなければなりません。再ドロップした球も救済エリアの外に止まった場合は、再ドロップした時に球が地面に最初に触れた箇所にプレースします。従って、2クラブレングス以上転がって行って止まった場合やホールに近づいた所に止まった場合、救済を受けた場所に転がり戻った場合などは、すべて忘れてください。ただ、以下のことを覚えておきましょう。

●ドロップした球は必ず救済エリア内からプレーすること。

■ドロップした球を救済エリア外でプレーした場合

救済エリア内にドロップしたがエリア外に止まった球と救済エリア外にドロップした球をあるがままにプレーした場合は、いずれも「誤所からのプレー」の違反により一般の罰が科せられます。

用語　ルースインペディメント

コース上にある石、枯れ葉、木の枝、動物糞などの自然物で固定していないもの、地面から生えていないもの、地面に固く食い込んでいないもの、球に付着していないものを「ルースインペディメント」といいます。また、グリーン上にある場合に限り、砂や土も「ルースインペディメント」になります。

なお、霜と露は「ルースインペディメント」ではありません。

雪と氷（人工のものは除く）は、「ルースインペディメント」としてとり除くか、「一時的な水」として救済を受けるか、プレーヤー自身が選択できます。

用語　障害物

ゴルフ場にある人工的に作られた物で、(a)OB区域を示す杭や柵、(b)OB区域内にある動かせない物、(c)競技委員会がコースと不可分の部分と指定した物を除いたすべての物を、「障害物」といいます。この「障害物」によってプレーが妨げられる時は、球がペナルティーエリア内に入っている時を除いて、救済を受けることができます。

「障害物」には、「動かせる障害物」と「動かせない障害物」の2種類があります。

■動かせる障害物

ビン、カン、ビニール袋、紙コップ、バンカーレーキ、距離標示杭、黄杭、赤杭、青杭、作業用トラックなど。

「動かせる障害物」は、自由にとり除くことができますが、球がその中か上に止まっている時には、罰なしにその球を拾い上げ、その動かせる障害物をとり除いた後、球があった所の真下にできるだけ近い所でホール

に近づかない地点に、球をグリーン上ならプレース、それ以外の場所ではドロップします。

■動かせない障害物

木の支柱、道路(舗装・砂利)、橋、鉄柱、観客席、スコアボードなど。

「動かせない障害物」の中、上または近くに球が止まっている(ペナルティーエリア内は除く)ために、スタンスおよび意図するスイングの区域の妨げとなっている時と、グリーン上の球のパットの線上に「動かせない障害物」がある時には、罰なしに、救済を受けることができます。

■「動かせない障害物」からの救済の受け方

Ⓐジェネラルエリアに球がある場合。

　①ホールに近づかず、その動かせない障害物による障害がない場所で、球が止まっている箇所から最も近い地点(これを救済のニヤレストポイントという)をまず決めます。

　②その地点から1クラブレングス以内で、ホールに近づかずにその障害を避けられる、バンカーとペナルティーエリアとグリーン以外の場所に直接落ちるようにドロップします。

Ⓑバンカーに球がある場合。

　上記Ⓐと同様に処置しますが、完全な救済のニヤレストポイントとドロップする場所はバンカー内でなければいけません。また、「1打の罰」を加えて、ホールと球を結んだ、球の後方延長線上(いくら後方に下がっても距離に制限はない)にドロップすることも選択できます。

Ⓒグリーン上に球がある場合。

　ペナルティーエリア以外の所の完全な救済のニヤレストポイントにプレースします。なお、この場合、完全な救済のニヤレストポイントはグリーンの外

であってもよいです。

Ⓓティーイングエリア上に球がある場合には、233頁
　Ⓐと同様に処置します。

㊟拾い上げた球は、拭くことができます。

用語 **ティーイングエリア**

各ホールのスタート場所は、旧規則では「ティーイン
ググラウンド」と呼んでいましたが、2019年からは
「ティーイングエリア」と呼ぶことに変更されました。

用語 **紛失球**

インプレーの球が下記の4つの状態になった時には、
球は「紛失」したとされます。

①プレーヤーかキャディが探し始めてから3分経過
　しても見つからなかったか、自分の球と確認できな
　かった時。

②プレーヤーが別の球を規則に従ってインプレーに
　した時(プレーヤーが球を捜さない場合も含む)。

③元の球があると思われる地点よりホールに近い所
　から、暫定球をプレーした時。

④前打位置に戻って、1打の罰を加えて、別の球をプ
　レーした時。

⑤見つかっていない球が、誰かによって動かされてい
　たこと、あるいは障害物の中、異常なコース状態内
　(修理地や一時的な水やモグラの穴など)、ペナル
　ティーエリア内にあることがわかっているか、ほぼ
　確実であるという理由から別の球をインプレーに
　した時。

球を紛失した時は、1打罰を加えて、前打位置から打
ち直します。これを「ストロークと距離に基づく処置」

といいます。

■一時的な水、修理地などでの紛失

例外：見つかっていない元の球が、局外者によって動かされていたこと（規則18-1）、障害物の中にある（規則24-3）、異常なコース状態（修理地や一時的な水、モグラの穴など）の中にある（規則25-1）ことがわかっているか、ほぼ確実な場合には、それぞれの適用規則に基づいて罰なしの救済を受けることができます。

用語 プレース・リプレース

ルールに従って、球を定められた場所に置くことを「プレース」といいます。
また、拾い上げられたり動かされた球を元の位置に置き戻すことを「リプレース」といいます。

球の識別やグリーン上の球など、「リプレース」しなければならないルールに従って球を拾い上げる時には、拾い上げる前に、その位置をボールマーカーやコインなどでマークしておかなければなりません。これを怠ってインプレーの球を拾い上げると1打罰です。
また、「プレース」は、プレーヤー本人が行い、「リプレース」は、プレーヤー本人か、球の拾い上げを行ったり動かした人が行わなければなりません。

球を「プレース」や「リプレース」する時に、偶然に球やボールマーカーが動いてしまっても罰はなく、動いた球やボールマーカーは元の位置に戻します。

プレースまたはリプレースすべき球をドロップしてプレーした場合は1打罰を受けます（旧規則では2打罰）。

235

また、ドロップすべき球をプレースしてプレーした場合は、旧規則と変わらず2打罰が科せられます。

 誤球のプレー

プレーヤーが、下記の3つの状態以外のすべての球をプレーした時、プレーヤーは「誤球のプレー」を行ったことになります。
①プレーヤーがプレーしているインプレーの球。
②暫定球。
③第2の球(ゴルフ規則20.1c(3)に基づいてプレーした球)
言い換えれば、次のような球をストロークすると、誤球のプレー違反となります。
①アウトオブプレーになった自分の球
　(例. 紛失した球やOB球)
②放棄しなければならなくなった暫定球
　(初めの球がセーフで見つかった場合)
③他のプレーヤーの使用球
④アウトオブバウンズにある球
⑤コースに遺棄されていた球

「誤球のプレー」をしてしまった場合には、その都度2打罰を受けます。誤球でプレーしたストローク数は計算に入れずに、最初に誤球でプレーした地点に戻って、正球(元の球)をプレーして誤りを訂正しなければなりません。もし探し始めてから3分以内に正球(元の球)を見つけることができなかった場合は、1打の罰を加え、前打位置から別の球を打って誤りを訂正しなければなりません。
もし、次のティーショットを打つまでに(最終ホールではグリーンを離れるまでに)、誤りの訂正をしなかった時には、『競技失格』となってしまいます。

なお、ルールで認められていないのに球をとり替えてしまった時、その球でのプレーは、「誤球のプレー」ではなく、1打罰を加算されて、とり替えた球がインプレーの球となります。

はじめに

「エチケットは、他人への思いやりに基づく、行動の範囲(Code)であり、よいマナーとは、この規範に則って生活しょうとする人々の暖かい心、善意の表れ(Evidence)である。」－エメリー・ポスト－

つまり、エチケットは社交上の型、人付き合いをなめらかにするための常識的なルール・技術です。一方、マナーは社交場の心、相手に対して自分がとるべき態度、処置です。

ゴルフは紳士のスポーツといわれています。紳士たる者はどのように振る舞えばいいのか、これがゴルフマナーの発端です。そのためゴルフ規則の第一章にマナーの重要性を明記しているのです。しかし、特別に難しいことを要求しているわけではありません。一般社会でも守られている、また守らなければならないことばかりで、極めて常識的なことばかりです。他者を思いやり、そして迷惑をかけない。自分がされたら嫌だと思う言動をしてはいけないということです。ゴルフ場はフォーマルな場として考えれば、自ずとどのように振舞えばいいのか理解できるはずです。

 スタートするまでのマナー

ゴルフコースは自宅から遠方に位置します。そのためコースまでの所要時間は十分な余裕をもち、すくなくともスタート時刻の1時間前にはコースに到着するようにしましょう。

時間を厳守しなければいけないことは他にもあります。スタート時間の10分前にはティーイングエリアにいなくてはいけません。他のプレーヤーやキャディーさんが呼びに来るまでパッティングやアプローチの練習をしたりしている、こういう行為はマナー違反、

厳禁なので注意してください。

またゴルフで守らなければならないマナーとして服装があげられます。他のスポーツと違いゴルフには決められたユニフォームはありませんが、男性の場合はクラブハウスでは上着着用とするコースも多くあります。とくに名門コースや会員制のゴルフ場では厳しくドレスコードが決められているので、事前にチェックが必要です。しかし最近はかなりドレスコードも緩やかになりましたが、シャツは襟のあるもの、半ズボンの場合は長めのソックスをはくなど気を付けなければいけません。襟付きのシャツを着て裾はズボンの中に入れましょう。

女性の場合は特別なドレスコードはありませんが、男性に比べればかなりお洒落が楽しめます。しかし肌の露出が多すぎるもの、例えばタンクトップや短すぎるショートパンツなどは避けたいものです。

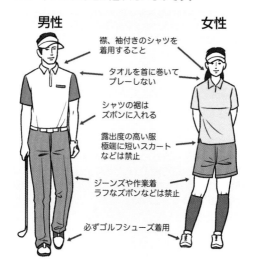

男性　　　　　　　　　　　　女性

襟、袖付きのシャツを
着用すること

タオルを首に巻いて
プレーしない

シャツの裾は
ズボンに入れる

露出度の高い服
極端に短いスカート
などは禁止

ジーンズや作業着
ラフなズボンなどは禁止

必ずゴルフシューズ着用

239

ティーイングエリアでのマナー

オナーが打つ前にすべきことは、プレーヤー同士で使用球のメーカー名と番号の確認です。これを怠ると誤球の原因となる恐れがあります。次に注意したいのは、ティーイングエリアにはオナーだけで、他の人は上がってはいけません。ほかの3人も上がってしまい、次に打つ人が隅で素振りをしたり、アプローチの練習をしたりする人がいますが、絶対に慎みたいものです。またこれから打つ人の視界に入らない場所で待機し、静粛にする。必ずしてほしいことは、打つ人の球の行方はプレーヤー全員で確認するようにします。これが思いやりのマナーです。

次に注意したいのは、打った球が大きく曲がり隣のフェアウェー方向に飛ぶことがありますが、すぐに「フォー」と叫んでください。非常に危険ですからキャディーさん任せにしないように。こういうショットが隣のフェアウェーに飛んだ時は、球を確認に行った時に謝りの一声を必ずかけるのがマナーです。

 ジェネラルエリアでのマナー

コースに出てまず徹底してほしいのはプレーを迅速にするということです。この心がけをしないと後の組に迷惑をかけることになり、多くのプレーヤーがイライラしながらプレーすることになります。

スロープレーに気を付けるためには様々なことに留意しなければいけません。最善策は次打地点に向かう時は、常にクラブを3本持っていくことです。ショット地点で風がフォローだったりアゲンストだったりしたら、わざわざカートまで戻る必要もなく、持って行ったクラブで対応できます。

次に注意したいのは球探しです。スロープレーの最大

の原因となるからです。そのためには他のプレーヤーが打った球は、全員で見てあげることがスロープレーの防止につながります。落下地点は正確に確認し、皆で探し3分経過したらロストボールとして処理しなければ大幅なスロープレーの元となります。

そしてフェアウェーでよく見かけるのは、紛らわしく見苦しい行為です。素振りを何度もするたびに大きなターフをとる人がいますが、素振りは1度にしましょう。空振りと疑われる行為にもつながります。次に切りとったターフは、元の位置に戻し目土をしなければいけません。キャディーさんが付いている場合は、代わりにしてもらえますが、最近はセルフプレーが多いので、必ずカートに備え付けの目土袋から砂を出して元に戻したターフの上に掛け上から踏むようにしてください。プロのトーナメントでアマチュアの学生プレーヤーがショット後に、自分で目土をしている姿には、すがすがしさを感じますが、ぜひ見習って欲しいと思います。

できるだけ平らにする

またフェアウェーでよく見かける見苦しい行為は、喫煙と携帯電話の使用です。最近は喫煙に関するマナーが厳しくなっていますが、ゴルフ場のクラブハウス内はもちろん、コース内での喫煙も厳しく制限されている所が多くなりました。くわえタバコでフェアウェーを歩く、携帯電話で話しながら次打地点に向かう、どうみても見苦しいといわなければなりません。もし持ち込んでも電源を切るか、せめてマナーモードにするくらいの心遣いをしてください。

ゴルフはほかのプレーヤーを思いやる、これがマナーです。例えばフェアウェーバンカーに球が入った場合です。バンカーに入る時は球に一番近い低い所から入り打ち終わった後に砂をならす、これは当たり前のことです。さらに気を付けたいのは、バンカー内に入る時はレーキを近くに置くことです。打った後に遠くにあるレーキをとりに行かなくてすみます。

使用しないクラブやレーキは、バンカー内に置いてもルール違反とはなりません。しかし、バンカー内に入る時は、これから打とうと思う方向から入ってはいけません。足跡が飛球方向を示すことになり、ルール違反となる可能性があるからです。

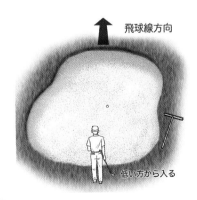

飛球線方向

低い方から入る

グリーンでのマナー

グリーン上でのマナーは、まず自分の打った球が付けたボールマークを直すことから始まります。球が落下した時にできるグリーンのボールマークは、前方の方に盛り上がります。従って直す時はグリーフォークをこの部分に差し込んで持ち上げます。次に後方から、そして左右という具合に中心に芝を寄せてからパターヘッドで軽く押す、これが正しい直し方になります。

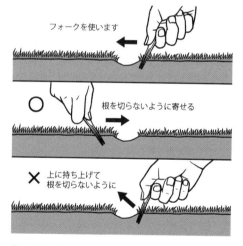

フォークを使います

○　根を切らないように寄せる

×　上に持ち上げて
根を切らないように

プレーは迅速にというゴルフの掟でいうと、球探しと同様にグリーン上でもかなり時間を費やしスロープレーにつながるケースが多いので注意が必要です。パットは一番ホールから遠い人から打つのが決まりですが、OKくらいの所に球がある人はお先にとひと声掛けて打つ、これが時間の短縮につながります。

グリーン上で時間がかかるのはライン読みです。後方、前方から左右と熱心に見る人がいますが、時間をかけ過ぎです。右に曲がるか左に曲がるのか。下りか上りか、このくらいの判断をし、1回の素振りでパットをしましょう。

また自分のパットに集中するあまり、つい他のプレーヤーへの配慮を忘れがちになります。これから自分が打つラインの参考にするため、次に打つ人のライン後方に立ったり前方に立ったり、他者のラインを跨ぐ、こういう行為を慎みましょう。最初にホールアウトした人は、旗竿を持ったりアプローチで使用したクラブなどをカート近くに持って行ったりすれば、すぐに次のホールに向かうことができます。

グリーン上でのスロープレーはプレー進行を遅らせますが、ホールアウト後にいつまでもグリーン上でスコアの確認をしたり、パットを打ち直したりすることも大きな原因になります。全員のパットが終わったら速やかに、グリーン上から降りて、次のホールに向かってください。スコアを付けたり確認したりするのは、グリーンを離れてから行います。

マナー　ホールアウト後のマナー

プレー終了後にさっさと自分だけクラブハウスに向かう人がいますが、このような態度は感心できません。「お疲れさま」「ありがとうございました」といった挨拶をキチンとしましょう。他者とは「礼」をもって接することがマナーなのです。日本のスポーツは、相撲やアマチュア野球のように「礼」に始まり「礼」で終わるという伝統があります。ゴルフにおいても最低限の「礼」として、挨拶くらいはきちんとしたいものです。朝早くから半日近く一緒に過ごすわけですから、プレーの仕方やそれ以外の言動で、相手はどんな人格

の持ち主かもわかります。また逆に自分の行動もどのように相手に受け止められたか気になります。「ぜひ、また一緒にラウンドしましょう」といわれるようなプレーヤーを目指してほしいと思います。

ホールアウト後はパーティーなどの行事が行われる場合もあります。この場はいちおうフォーマルな場と考えなければいけません。帰りは自分で車を運転しないので、お酒をガブガブの人や大声を出して、ベットの清算をするため現金のやりとりをするなどは、見苦しい行為と言えます。ゴルフはスポーツですが、一方で社会的な意味合いを持つ社交の場でもあると言えます。そのためプレー以外に気をつけなければならないことが少なからずあります。それは人間同士が交わる場合のルール、言い換えればマナーです。ゴルフは紳士のスポーツといわれるのは、このマナーを守ることを規則で宣言していることでも理解できます。

ゴルフは人格を磨くために、もっとも適したスポーツと言われていますが、それはプレーの中に日常生活の中にも共通するマナーがあるからです。例えば自分が打った後にできたディボット跡を直すことは、これからプレーする人のために行う行為なのです。常に他者への思いやりを忘れない、これがマナーの基本中の基本です。

付録

● ハンディキャップには
オフィシャルハンディキャップと、
仲間内のプライベートコンペ
(プラコン) で通用するプライベート
ハンディキャップの2種類がある

● ベット(賭け) はプレーの隠し味。
ほどほどに楽しもう

新ペリア方式などがポピュラー

プライベートコンペ（プラコン）のハンディキャップは、参加者全員が納得する方法で行えばどのような算定法でも問題ないのですが、本来はオフィシャルハンディ方式（スコアカードを10枚以上提出し、そこから算定する）で競技を競うのが理想です。現実的には、複数枚数のスコアカードを集計するには時間を要するので、簡便なプライベートハンディキャップでコンペを実施することが多くなるようです。

近年、比較的多いのは12の隠しホールを設定し、そのスコアから算出するダブルペリア（新ペリア）ですが、その算定法等は次ページの解説を参考にしていただきたい。

このプラコンの簡便なハンディキャップでは、プレー以外に運、不運で順位が決まる要素も強く、「技量の上達にはつながらない」という一面もあり、「競技としてのゴルフの面白さを半減する」と敬遠する人も少なくありません。

なお、ベットはあまり大っぴらに奨励されるものではありませんが、仲間内のプレーのほんの調味料程度に楽しむ程度にとどめましょう。

もちろん、コース内で他のプレーヤーの迷惑になるような行為（大声を上げたり、プレーの遅延になったり）だけは絶対に慎みましょう。

プライベートコンペの
簡便なハンディキャップ算出法

■新ペリア方式

パーの合計が「48」になるように、アウトとインからそれぞれ6ホールずつ、合計12ホールを選びます。これがどのホールなのかは、スタート前には発表せずに"隠しホール"とします。ホールアウトした人のその12ホールのストローク数を合計して、それを「1.5倍」し、そこから「72（コースのパー）」を引いた数の「8割」がハンディキャップとなります。このように計算方法が複雑なので、右の「早見表」を参照してください。

■ペリア方式

パーの合計が「24」になるように、アウトとインからそれぞれ3ホールずつ、合計6ホールを選びます。これがどのホールなのかは「新ペリア方式」と同様に"隠しホール"とし、ホールアウトした人の該当ストローク数を「3倍」し、そこから「72（コースのパー）」を引いた数の「8割」がハンディキャップになります。この「ペリア方式」は、上の「新ペリア方式」ができてから、あまり使われなくなっています。

■キャロウェイ方式

これは成績の悪いホールのスコアをもとに算出する方法で、計算は右の「早見表」を使用してください。（各ホールのスコアはパーの2倍を限度とする・1/2ストロークは端数を四捨五入する）

新ペリア方式・ハンディ早見表　（パー72の場合）

合計スコア	HD	合計スコア	HD	合計スコア	HD	合計スコア	HD
40	+9.6	51	3.6	62	16.8	73	30.0
41	+8.4	52	4.8	63	18.0	74	31.2
42	+7.2	53	6.0	64	19.2	75	32.4
43	+6.0	54	7.2	65	20.4	76	33.6
44	+4.8	55	8.4	66	21.6	77	34.8
45	+3.6	56	9.6	67	22.8	78	36.0
46	+2.4	57	10.8	68	24.0	79	37.2
47	+1.2	58	12.0	69	25.2	80	38.4
48	0.0	59	13.2	70	26.4	81	39.6
49	1.2	60	14.4	71	27.6	82	40.8
50	2.4	61	15.6	72	28.8	83	42.2

※パー71の場合はHD-0.8、パー73の場合はHD+0.8。

キャロウェイ方式・ハンディ早見表　（パー72の場合）

グロス					ハンディキャップ
			70	71	72	ハンディキャップなし
73	74	75	—	—	最悪のホールの1/2
76	77	78	79	80	最悪のホールの1つ
81	82	83	84	85	最悪のホールの1つ+次に悪いホールの1/2
86	87	88	89	90	悪いホール2つ
91	92	93	94	95	最悪のホールの2つ+次に悪いホールの1/2
96	97	98	99	100	悪いホール3つ
101	102	103	104	105	最悪のホールの3つ+次に悪いホールの1/2
106	107	108	109	110	悪いホール4つ
111	112	113	114	115	最悪のホールの4つ+次に悪いホールの1/2
116	117	118	119	120	悪いホール5つ
121	122	123	124	125	最悪のホールの5つ+次に悪いホールの1/2
126	127	128	129	130	悪いホール6つ
−2	−1	0	+1	+2	調整（増減）

ベットのいろいろ

■ストローク(タテ)

打数(グロス)からハンディを差し引いたスコア(ネット)を比較し、その差で争う。

■マッチ(ヨコ)

ハンディホールを決め、そのホールだけ1ストロークハンディをつけて、ホールごとに勝ち負けを決める。その合計をポイントで争う。

■ナッソー

18ホールを「アウト」、「イン」、「トータル」の3つに分け、それぞれのネットで勝負し、その合計ポイントで勝敗を争う。

■オネスト・ジョン

コンペのスタート前に、「自分の予想スコア」を各自申告し、ホールアウト後、実際のスコアとの差(プラスでもマイナスでも)の分が罰金となる。集った賞品をどう使うかはスタート前に決めておく。

■カヤの内、カヤの外

4人でのラウンドで、ホールごとに、他の3人が同スコアで自分だけが悪いスコアだった時に、他の3人に1ポイントずつ支払う。逆に自分だけが良いスコアだった時は、他の3人から1ポイントずつもらう。その合計ポイントで争う。

■スウィープ

　コンペなどで球をかけるもので、1人1個ずつ球を出し合い、ネットのもっとも良い人が総取りする。ハーフごとで争ったり、1位から3位までで分配したりする場合もある。

■おともだち

　4人がティーショットを打ち、右側に止まった2人と左側に止まった2人がそのホールのチームとなり、それぞれのチームのそのホールの合計ストロークで争う。次のホールでは、また4人のティーショットの位置により、新しいチームを決める。

■ハイ・アンド・ロー

　2人ずつでチームをつくり、各チームのハイスコア者どうし、ロースコア者どうしを比較し、片方のチームが両方勝つか1勝1引き分けならそのチームにポイント、1勝1敗または2引き分けなら引き分けとなるホールマッチ。

■ビングル・バングル・ブングル(ピン・ポン・パン)

　各ホールごとに、最初にグリーンオンした人に1ポイント。全員がグリーンにオンした時、最もピンに近い人に1ポイント。最初にカップインした人に1ポイントを与え、ホールアウトした時の合計ポイント数で争う。

■ラウンド・ロビン

　4人が総当たりでホールマッチを行う。各自が他の3人とホールごとにストロークを比較して争う。たとえば、全員に負けていればマイナス3ポイント、2人に勝ち1人に負けていればプラス2ポイントとマイナス1ポイントで合計1ポイントとなる。

■フリー・シルバー

ホールごとに、もっとも距離が出たティーショットに1ポイント、バーディーに3ポイント、チップインに5ポイント、イーグルに7ポイント、また、ハザードに入った時とOBの時にはマイナス1ポイント、ボギーはマイナス3ポイントというように、各ショットが得点の対象になるように決めて合計ポイントを争う。

■スネーク

4人がスリーパットした回数分を、そのハーフ(またはラウンド)の1番最後にスリーパットした人が責任払いする。

■ワニ

4人がバンカーに入れた回数分を、そのハーフ(またはラウンド)の1番最後にバンカーに入れた人が責任払いする。

■6ポイント・マッチ

原則として3人で争う。各ホールに「6ポイント」をかけて奪い合う。基本的には1位が4ポイント、2位が2ポイント、3位は0ポイントとなる。

また、1位が2人の時は各自3ポイントずつ、3人同点の場合は2ポイントずつ、また2位が2人の時は、1位が4ポイント、2位の2人がそれぞれ1ポイントずつとなる。

■タコ・イカ・ムカデ

1ホールで8ストローク打つと「タコ」で1ポイント、10ストロークだと「イカ」で2ポイント、12ストローク以上だと「ムカデ」で4ポイントを相手に支払う。

■ラスベガス

2人ずつでチームをつくり、ホールごとに、各チームのスコアの良い人のストローク数を「10の桁」、悪い人のストローク数を「1の桁」として計算し、その合計で争う。ただし、相手チームが「バーディー」を出した時には、出された方はスコアの悪い人のストローク数を「10の桁」、良い人のストローク数を「1の桁」として計算しなければならない。

ヤード・メートル換算表

Y	M	Y	M	Y	M	Y	M
45	41.1	180	164.6	315	288.0	450	411.5
50	45.7	185	169.2	320	292.6	455	416.1
55	50.3	190	173.7	325	297.2	460	420.6
60	54.9	195	178.3	330	301.8	465	425.2
65	59.4	200	182.9	335	306.3	470	429.8
70	64.0	205	187.5	340	310.9	475	434.3
75	68.6	210	192.0	345	315.5	480	438.9
80	73.2	215	196.6	350	320.0	485	443.5
85	77.7	220	201.2	355	324.6	490	448.1
90	82.3	225	205.7	360	329.2	495	452.6
95	86.9	230	210.3	365	333.8	500	457.2
100	91.4	235	214.9	370	338.3	505	461.8
105	96.0	240	219.5	375	342.9	510	466.3
110	100.6	245	224.0	380	347.5	515	470.9
115	105.2	250	228.6	385	352.0	520	475.5
120	109.7	255	233.2	390	356.6	525	480.1
125	114.3	260	237.7	395	361.2	530	484.6
130	118.9	265	242.3	400	365.8	535	489.2
135	123.4	270	246.9	405	370.3	540	493.8
140	128.0	275	251.5	410	374.9	545	498.3
145	132.6	280	256.0	415	379.5	550	502.9
150	137.2	285	260.6	420	384.0	555	507.5
155	141.7	290	265.2	425	388.6	560	512.1
160	146.3	295	269.7	430	393.2	565	516.6
165	150.9	300	274.3	435	397.8	570	521.2
170	155.4	305	278.9	440	402.3	575	525.8
175	160.0	310	283.5	445	406.9	580	530.4

〈監修者紹介〉

沼沢聖一（ぬまざわ　せいいち）

1945年、宮城県仙台市生まれ。高校卒業までに関東ジュニア3連勝、日本ジュニア2連勝を飾り、日本大学在学中は（日大王国）で副部長をつとめた。1968年プロ入り、1975年の沖縄オープンで初優勝。その後眼病（目の網膜を損傷）に悩み、42歳でレギュラーツアーの競技生活を断念。以後、豊富な海外ツアー経験などを基にTV解説、ゴルフ専門誌等に執筆活動を続けるかたわら、故郷でのジュニア育成（仙台・杜の都キッズゴルフスクール校長）などで活躍。現在は、東京都港区にあるゴルフ＆フィットネスポイントのマネージャーをつとめている。沼沢聖一スタジオゴルフ主宰。

マイク青木（まいく　あおき）

東京都足立区出身。1965年にフリーのジャーナリストとして渡米する。以来ニューヨーク市におよそ20年間滞在し、USPGAツアーのゴルフ競技を主に取材する。その間に、ルールの神様ジョセフ・ダイ氏と出会い、ゴルフルールの根本を学ぶ。1985年帰国後は、ゴルフルール研究家兼講師として数多くの執筆と講演の活動に従事、活躍している。

本文デザイン	テラカワ アキヒロ、山崎 ワタル
DTP	株式会社プライマリー
本文イラスト	太田 秀明、鈴木 真紀夫
カバーデザイン	テラカワ アキヒロ
カバー撮影	澁谷 高晴
編集協力	内藤 敦夫

2024年度版
すぐに役立つ ゴルフルール

監修者	沼沢 聖一、マイク 青木
発行者	池田士文
印刷所	有限会社精文社
製本所	株式会社新寿堂
発行所	株式会社池田書店
	〒 162-0851
	東京都新宿区弁天町 43 番地
	電話 03-3267-6821 （代）
	FAX 03-3235-6672

落丁・乱丁はお取り替えいたします。
©K.K. Ikeda Shoten 2023, Printed in Japan
ISBN 978-4-262-17263-7

[本書内容に関するお問い合わせ]
書名、該当ページを明記の上、郵送、FAX、または当社ホームページお問い合わせフォームからお送りください。なお回答にはお時間がかかる場合がございます。電話によるお問い合わせはお受けしておりません。また本書内容以外のご質問などにもお答えできませんので、あらかじめご了承ください。本書のご感想についても、当社HPフォームよりお寄せください。
[お問い合わせ・ご感想フォーム]
当社ホームページから
https://www.ikedashoten.co.jp/

23000012